中国建筑工业出版社
学术著作出版基金项目

清华校园文化与中国第一代建筑家

王浩娱　赖德霖　编著

中国建筑工业出版社

目

录

清华校园文化与中国第一代留美建筑家

引言

与清华学校有关的中国留美建筑家生平简介

注：楷体者为官费生或津贴生而无在清华学校学习经历者；

括号里为赴美时间（年），按出国先后排序，特别注明除外。

清华校园文化与中国第一代留美建筑家

引言

中国近代建筑教育是一个既有历史意义又有现实意义的议题。它不仅有助于从现代建筑人才的出现、专业知识系统的形成和它们的历史渊源的角度揭示中国建筑现代化转型的过程，而且可以帮助今天的学校梳理自己的发展谱系和学派基础，从而提高师生的认同感和自豪感，因此在近年受到建筑学界的普遍重视。目前的相关研究主要集中在院系创办的时间，主导教师的教育背景所体现的教育体系来源，教程设计与课表所反映的学派风格，以及一些名师的教学方法。概括而言，它们所关注的对象还只是专业教育本身。与之相比，学校办学方针影响下的校园文化及其对学生的影响在目前有关高等教育历史的研究中却鲜有涉及。毫无疑问，在校专业教育的质量是学生出校后专业发展的基础。但事实上校园文化对于学生独立人格和人文精神的塑造，爱国情操和社会关怀的煦育，合作能力和工作作风的培养具有更为重要和深远的影响，因此值得所有教育家和任何教育史研究加以重视。本书即试图揭示校园文化在 1910 年代和 1920 年代从清华学校毕业的中国留美建筑家们的人生和事业发展中所起到的重要作用。

众所周知，1901 年清政府被迫与美、英等 11 个国家签订《辛丑条约》，并按约定对 1900 年（农历庚子年）义和团运动造成的损失向各国赔款；清华学校就是美国国会议决将赔款中支付美国的超额部分返还中国、用于资助留美学生教育而开办的预备学校。学校由游美学务处（China Educational Bureau to the U. S.）负责创办。初拟名为"游美肄业馆"，经御批正式定名为"清华学堂"，1911 年 4 月开学。1912 年中华民国建立，为适应民国教育体制，学校在当年 10 月更名为"清华学校"。学校在 1925 年设大学部，1928 年由国民政府接管并建立"国立清华大学"。从 1911 年创办到 1929 年放洋最后一批官费留美学生，期间受游美学务处和该校资助和培养，日后回国在各个领域成为中国现代化领军人物和中坚力量的留美学生不胜枚举。[1] 仅在建筑和市政领域就有关颂声[2]、吕彦直、巫振英、林澍民、张光圻、董修甲、朱彬、赵深、董大酉、杨廷宝、陈植、黄家骅、梁思成、童寯、过元熙、黄学诗、张锐、哈雄文、王华彬、梁衍、萨本远等 20 余人[3]，而罗邦杰、蔡方荫等留美学习建筑工程或土木工程，回国后成为著名的建筑工程师。除此之外，还有伍希侣、卓康成、彭回、庄俊、杨宽麟、缪恩钊、陈均沛、李铿、薛次莘、黄森光、裘燮钧、谭真、庄秉权、林徽因等人（以上各组人物姓名分别按留美时间排列，有关他们生平的介绍详见本书第二部分），虽然他们未在清华有过求学经历，但他们留美或因得到清华学校的官费[4]，或是得到该校的津贴[5]，所以不乏在学成归国后也与清华关系密切，或服务于清华，或与清华校友紧密合作，一道推进了中国建筑业的发展。作为一个群体，这批清华学校放洋或与清华相关的建筑家对中国建筑现代化的贡献巨大，体现在建筑组织、建筑设计、建筑教育、都市计划与设计、建筑学术、历史遗产研究与保护、建筑行政以及建筑工程等诸多方面（表1），影响非常广泛和深远，堪称中国第一代建筑精英中的精英。

事实上，他们的贡献并不局限在建筑界。如旨在"提倡科学，鼓吹实业，审定名词，传播知识"的中国科学社，是中国近代一个由中国留学生创办的民间跨学科综合性科学团体。通过办刊、办图书馆和研究所，并在全国设立分社或支会，成为20世纪前半叶中国参加人数最多的科学团体，对近代科技在中国普及和发展作出了重要贡献。图1

中国建筑师学会／中国建筑学会	庄俊*、吕彦直、巫振英、张光圻、杨廷宝、梁思成、王华彬
建筑设计	庄俊、吕彦直、关颂声、林澍民、朱彬、赵深、董大酉、杨廷宝、陈植、梁思成、童寯、过元熙、梁衍、萨本远
建筑教育	庄俊、杨廷宝、陈植、梁思成、黄家骅、童寯、哈雄文、王华彬
都市计划、设计或管理	董修甲、董大酉、梁思成、黄学诗、张锐、哈雄文
建筑学术	梁思成、童寯
历史遗产研究与保护	杨廷宝、梁思成、童寯
建筑行政	哈雄文
建筑工程	罗邦杰、蔡方荫

* 庄俊为游美学务处第二批考取留美学生（1910），所以并未在清华学习。但他学成归国后，从1914至1923年任清华学校驻校建筑师和建筑管理员，并教测量，还在1923年作为清华游美学生顾问带领当年毕业生赴美，与多数出自清华学校的中国留美建筑家亦兼师友，故列入本表。

是中国科学社成立时的一张合影，摄于1914年，其中有胡适、赵元任等近代文化名人，还有著名化学家及该社第一任社长任鸿隽、著名数学家胡明复、著名冶金学家和陶瓷学家周仁、著名农学家过探先、著名动物和生物学家秉志、著名经济管理学家和社会活动家杨铨（杏佛）、中国现代科普事业的奠基人杨孝述、政治学家刘寰伟等。令建筑史家们惊喜的是，日后以设计南京中山陵和广州中山纪念堂闻名于世的建筑师吕彦直（1894—1929，图2）竟也

图 1　1914 年中国科学社社员合影，前排左 2 周仁、左 3 任鸿隽，右 3 赵元任，右 2 杨铨（杏佛）；二排左 2 秉志，左 3 胡明复，右 2 金邦正（应为邹秉文），右 1 吕彦直；三排左 2 过探先，左 4 胡适，右 2 *杨孝述*，右 1 *刘寰伟*（斜体字者为本文作者所辨识）。
图片来源：赵新那，黄培云编 . 赵元任年谱 [M]. 北京：商务印书馆，2001.

图 2　吕彦直
图片来源：*The Far Eastern Review*，
Vol. 25, No. 3, Mar., 1929：98.

在其中，显然他还是近代中国这一重要组织的创始会员之一，并曾撰写过介绍水雷、爱迪生的科普文章，绘制过汉代张衡地动仪的想象复原图。[6]

1929 年 3 月吕彦直去世后不到三个月，国民政府曾对他颁令嘉奖。这是民国时期的国家级奖励，在 1949 年之前，吕是唯一一位获得该奖的建筑师。1949 年以后还有一位建筑师在台湾获得这一奖励，他就是关颂声（1892—1960，图 3）。二人都是清华校友。对关的褒扬令，高度赞扬了他对社会多方面的贡献，说他"早岁留学美国，专攻建筑工程，学成归国，服务社会，贡献颇多。……抗战期间，从事国防工程，筹划驰驱，不避艰险。比年对海外侨胞之联系，与手工业之推广，悉力以图，咸收绩效。更热心体育，培植人才，选拔所得，于国有光"[7]。关曾任华北体育联合会副会长[8]，在台湾更有"田径之父"的美誉，嘉奖令就此对他特别称赞。仅此一点，就可见其社会贡献已经超越了建筑的专业范畴。

这批清华毕业或与清华有关的留美建筑家能够对中国建筑和社会影响如此广泛和深远，其背后的原因颇值得后人深思，更何况他们还只是近代这所学校涌现出的大批杰出人

3a

图3a 《毕业同学 Alumni：关颂声1913年》
图片来源：《清华年报》，第9卷，1926年，133页。

3b

图3b 1933年10月10日—20日，在南京中央体育场举办第五届全国运动会，大会发令员关颂声及其百米决赛冠军刘长春合影。
图片来源：《全国运动会专刊》，1933年，6页

图3c 1958年6月25日，台湾著名男子十项全能运动员杨传广获得关颂声资助赴美参加全美十项运动锦标赛，之后留在美国受训，两年后在罗马奥运会上获得银牌，也是中国第一枚奥运奖牌。图为杨（右）与田径队领队魏振武（左）从台湾大学宿舍出发前往松山机场时，关（中）陪同出发，不断叮咛的场景。
图片来源：雷寅雄．台湾田径界的大善人关颂声[M]//台湾百年体育人物志·第八辑．台湾身体文化学会，2013：8–17.

3c

9

才中的一小部分。固然，一个人能否取得突出的业绩有赖于其个人禀赋、家庭条件、专业训练、时代机遇等多重因素，但一个学生群体的成功则必与学校的教育方针以及相应的校园文化或对这种文化的认同有关。所以探讨这批建筑家成就的原因，我们还有必要深入他们度过青少年时光的母校，深入考察校园文化对他们事业发展的影响。

在 1921 年出版的《清华周刊（本校十周年纪念号）》专辑里，编者介绍了当时清华学生在德智体三个主要方面所取得的一些成绩（表 2）。其中德育居首，内容包括自治、社会服务、爱国运动、救灾以及砥砺的团体等许多方面，可见清华对德育教育以及学生的德育发展非常重视，也非常鼓励。爱国运动中包括"五四""五九国耻纪念"以及天安门游行等。智育方面包括会社，其中有"宗教的"和"学术的"两类，而在学术类中有普通的、科学的、哲学的、文学的、艺术的以及技艺的。可见当时的清华学生有着非常广泛的兴趣，而学校也给他们个性的发展提供了充分的机会。在智育方面还有一项很重要的训练，就是"技艺的"，包括演说、戏剧、音乐、绘画。体育方面的课程和活动更多。[9] 这三个方面就构成了本文将要讨论的清华校园文化的主要内容。

智育	（甲）会社	（二）学术的	（3）哲学　（A）佛学研究会
			（4）文学　（A）国学研究会；（B）法文学会；（C）白话文学研究会；（D）小说研究社
			（5）艺术　（A）美司斯
		（三）技艺的	（1）演说　（A）英文文学会；（B）文友会；（C）文学会；（D）辞社；（E）达辞会；（F）辞命研究会；（G）国语演说辩论会；（H）英语演说辩论会；（I）中二英语练习会
			（2）戏剧　（A）游艺社；（B）新剧社
			（3）音乐　（A）国声社；（B）铜乐队；（C）童子军军乐队；（D）唱歌团；（E）高等科音乐团；（F）高等科唱诗团；（G）中等科唱歌班
			（4）绘画　（A）美术社
	（乙）出版物	（一）全校的	（1）《清华周刊》；（2）《清华周刊十周年纪念号》；（3）《清华学报》；（4）《清华年报》；（5）《通俗周报》；（6）《消夏日报》；（7）《学生会新闻纸》；（8）《清华十周年纪念册》
		（二）各级的	（1）《课余谈》；（2）《课余一览》；（3）《进步》；（4）《1915级级册》；（5）《留音》；（6）《博约》；（7）《庚申史》；（8）《辛酉镜》；（9）《进修津》；（10）《癸亥级刊》；（11）《辛酉级级册》
		（三）各会的	（1）《达德杂志》；（2）《智》；（3）《国学丛刊》；（4）《崇学杂志》；（5）《国潮周报》；（6）《唯真》；（7）《科学清华》；（8）《短篇小说作法》；（9）《现下中国之内政与外交》
体育	（一）体育课程；（二）体育试验及体育实效试验；（三）体育会		
	（四）各种运动比赛		（1）周年运动会；（2）中等科运动会；（3）次级运动会；（4）三角运动会；（5）华北运动会；（6）远东运动会
	（五）各种球类		（1）足球；（2）盘球；（3）手球；（4）网球；（5）抵球；（6）棒球；（7）户内棒球；（8）木球
	（六）长距离赛跑；（七）游泳；（八）滑冰；（九）技击		
杂项	（一）清华学生西山消夏营；（二）兵操；（三）童子军；（四）演剧；（五）演说辩论；（六）旅行		
	（七）劳动		（1）植树；（2）筑路；（3）西园工作
	（八）清华学校书报社		
以下为"学校方面"（略）			

一、德育："立身处世之根本"

清华学校（初名"清华学堂"）在1911年4月29日正式开学。但在同年2月制订的《清华学堂章程》中已明确指出，清华学堂"以培植全材、增进国力为宗旨"，"以进德修业、自强不息为教育之方针"[14]。1917年1月29日新学期开学，校长周诒春（任期：1913—1918年，图4）给全体学生演讲，训育学生重视反省，克己、务本、注意功课、操练身体及顾全大局等。同年2月，他又为高等科四年级即将毕业学生作择业问题的演讲，提出"择业不当贪货利、骛虚名，亦不可拘于时事之盲论，及父兄亲友之成见，当以天性之所近，国家所急需，及能造福于人类为权衡"[15]。清华办学之注重德育亦可于有"清华之父"美称的校长曹云祥（任期：1922—1927年，图5）在1922年上任伊始对《清华周刊》记者的谈话之中窥见一斑。他说："余更有希望于同学者，即平时于讲求学问之外善能于道德上加功。盖学识易求，道德难修。至道德一端，尤以大量涵养毅力为立身处世之根本，盖其人学识虽强，而于以上数节未能修养，则虽大材大用，以其眼光浅窄，贪图小利，不善容人，不知从大处着想，因此不能成大业。"[16] 由此可见，从建校伊始，清华的主政者就以德育为学生教育之本。

图 4　周诒春，约 1914 年
图片来源：《大同报（上海）》，第 20 卷第 17 期，1914 年 5 月 2 日，1 页。

曹雲祥校長
PRESIDENT Y. S. TSAO

图 5　北京清华学校曹云祥校长
图片来源：《清华年报》，第 9 卷，1926 年，26 页。

華 治 梁

图6 梁治华（实秋）
图片来源：《癸亥级刊》，1919
年6月，24页。

如曹云祥校长所言，清华的德育包括立身和处世，即自我
修身和社会关怀两个方面。关于修身，癸亥级（即1923
年毕业）的校友梁实秋（1903—1987，在校时名梁治华，
著名文学家、学者、翻译家，图6）在其回忆文章《清华
八年》中有许多具体的记述，其目的主要是培养学生的
品行，如按时起居的习惯、对个人卫生的重视、定期给
家里写信体现的家庭观念以及日常的自律和守法。清华学
校为奖励品行曾设有"铜墨盒奖"。日后与陈植和童寯两
位校友合办了华盖建筑事务所的中国近代著名建筑师赵深
（1898—1978，图7），在清华学校学习时，曾在1915年
获得过这一奖项。

图 7　赵深
图片来源：*Who's Who in China*,
4th ed., 1931.

如果说修身的培养主要是通过斋务教师的严格管理和相应的奖励措施，处世的培养手段则体现在学校开设公民课，邀请校外著名人士演讲社会和文化问题，并鼓励对学生组织社团和参加社会活动。

梁实秋在《清华八年》中说到自己因偷看禁书被斋务主任发现而与"铜墨盒奖"无缘。不过他依然为清华的教育而感到自豪。他介绍说，"清华是预备留美的学校，所以课程的安排与众不同，上午的课如英文、作文、公民（美国的公民）、数学、地理、历史（西洋史）、生物、物理、化学、

图 8　过元熙
图片来源:《游美预备部》,
《清华年报》, 第9卷, 1926
年, 56 页。

政治学、社会学、心理学……都一律用英语讲授, 一律用
美国出版的教科书; 下午的课如国文、历史、地理、修
身、哲学史、伦理学、修辞、中国文学史……都一律用国
语, 用中国的教科书"。其中公民课和修身课应都与德育
有关。1933 年参与芝加哥世界博览会中国馆设计的建筑
师过元熙 (1904—2005, 图8), 是清华癸亥级 (即 1923
年) 毕业生, 他在 1923 年毕业时曾写文章讨论清华生活
并特别提到公民一课对他的影响。他说:"我现在所顶喜
欢念的学科, 就是公民学。因为那里头所讲的东西, 完全
是普通智识, 讲到我们应该怎样去造福社会, 我们同社会

国家的关系是怎么样，都是个个（原文）人所应该知道的，我读了这本书以后对于我将来的责任，又明白了好多。"[17]他的话有助于后人了解这门课的内容，并认识它对于培养学生公民精神的意义。

学生们在清华学校上学期间还有很多机会接触到校外著名人士，听他们演讲各种社会和文化问题。例有南开大学的校长张伯苓（图9）曾讲《中国教育现状》（1914年4月2日），韦尔德博士（西文拼写不详）讲《知行合一》（1914年4月16日），美国律师罗士（西文拼写不详）讲《学生之爱国心》（1916年2月10日）、孔教会会长陈焕章（图10）讲《孔教与中国之关系》（1917年3月10日），蔡元培（图11）讲《人道至义及爱国心》（1917年3月29日），胡适（图12）讲《我国文学改良词题》（原文）（1917年11月23日）。其中影响最大的可能是梁启超（图13）在1914年11月5日讲《君子》。他提出"君子之道在自强不息、厚德载物"。[18]之后"自强不息、厚德载物"就成为清华的校训。不难看出，这些名家演讲都会起到激励人心和启迪心智的作用，非常有助于青年学生树立人生观和世界观。杨廷宝1915年进入清华，是学校孔教会的成员，很可能听到过陈焕章的演讲。他还酷爱武术。而他

南開大學校長張伯苓先生

图 9　张伯苓
图片来源:《矿学汇报》,第 2 期,
1926 年 5 月,16 页。

图 10　陈焕章
图片来源:《宗圣学报》,第 2 卷
第 6 期,1917 年 4 月,1 页。

培元蔡

图 11　蔡元培
图片来源:《环球》(第八次征求
号),1918 年 10 月,17 页。

胡　主　英
適　任　系　文
博　　　　學
士

图 12　胡适
图片来源:《北大生活》,1921
年 12 月,19 页。

研究院 THE RESEARCH INSTITUTE

章昭煥　　　陸維釗　　　梁廷燦

李　濟　　　王國維　　　梁啓超　　　道元任

王國維	Wang Kuo-Wei	...	...	尙書, 古史, 說文	Chinese Ancient History; Etymology
李　濟	C. Li B. A., Ph. D.	...	...	人文學	Ethnology
陳寅恪	Yinkoh Tschen	...	...	東方語言學	Oriental Languages
梁啓超	C. C. Liang	...	...	中國文化史	History of Chinese Civilization
趙元任	Y. R. Chao A. B., Ph. D.	...	...	普通言語學	Science of Language
梁廷燦	T. T. Liang	...	...	助教	Assistant
章昭煥	C. H. Chang	...	...	助教	Assistant
陸維釗	W. C. Lu	...	...	助教	Assistant

图 13　清华研究院教员合影，约 1926 年，前排左起：李济、王国维、梁启超、赵元任
图片来源：《清华年报》，第 9 卷，1926 年，46 页。

日后在建筑设计中坚持探索中国风格与现代技术相结合之路的努力或许就源自他在清华读书时所培养的对于中国传统文化的兴趣。

与"德育"相关，清华学生组织了很多社会团体。这些团体中有若干学生为相互砥砺而自愿结合的组织，其中包括仁友社。该社成立于1913（1914？）年，"完全为一精神上之结合，以砥砺气节、勉为有用之国民为目的"。当时"国家多故，少数同学惕然惊惧，爰集同志，以成此会；慕意大利三杰建国故事，仿马志尼所创之意大利少年会，名该会曰新中国少年会。平时集会，重规过及名人言行之讲述"[19]，"以励进道德、研究学术、联络感情、养成健全人格、效力国家为宗旨。以刻苦、和平、果毅、诚实、有恒、俭约为会规。以早婚、纳妾、吸烟、赌博、冶游、饮酒及损坏他人名誉为禁约"[20]。这些宗旨和禁约令人想到1910年在天津成立的北洋万国改良会以西方基督教精神为核心改良中国社会的清教主义主张。[21]

不过相较于仁友社等社团所强调的社员自身品格修养，更多的团体体现的是清华学生的社会关怀。它们的目的是为社会服务。受基督教青年会影响，清华学生的社会服务早在建校不久的1912年就已出现，至1917年，校方正式组织清华社会服务团，之后虽然该团已消失，但各服务团体依然活跃，校方有专款支持各团体活动。[22]1923年清华学校毕业生，杰出的教育家、科学家、诗人、戏剧家、音乐家和禅学家顾毓琇（1902—2002）和同学梁实秋（图14）在毕业时曾对清华的教育作过一个总结，其中关于社会教育，他们说："不明白清华内容的人多说清华是贵族学校，我却不愿替它辩护。因为从表面上看来，清华实在当得起这个名词。但是清华学生的生活却不是贵族式的生活，如果说清华学生大半是贵族的子弟，我更敢大胆说清华学生大半是托尔斯泰式的贵族子弟。他们的服务精神却非普通一般平民所可及。"[23]学生们办的社会服务组织前后有16种，其中包括给学校的工友办"校役夜学"，与周围农村的民众结交"村人友"，还给附近的民众开办"城府职业学校"（1915—1921）、"西柳村露天学校"（1919—1921）、"星期六学校"（1914—1918）、"星期日学校"（1916—1918）、"平民图书馆"（1920—1921）、"改良乡村教育研究会"（1919—1921）等。这些组织的名称显示了清华学生在上学的同时为社会所做工作的性质，即运用自己在学校所学的知识去启蒙社会。但这些工作还会有回报，而不会仅仅是一种单

图 14　1920 年代清华文学社合影。中排右 1 顾毓琇、中排左 1 梁治华（实秋）、中排左 2 闻多（按：1920 年 4 月后改名为闻一多）

图片来源：郭静茹. 闻一多写给顾毓琇的三封亲笔信，最终回到清华园 [OL]. 北京档案，2019-2-17，https://ie.bjd.com.cn/5b165687a010550e5ddc0e6a/contentApp/5b1a1310e4b03aa54d764016/AP5c68b982e4b03921ac5.

向的付出，因为它们有助于这些身在象牙塔的学生走向社会去了解现实，同时通过策划这样的工作，联络同道，并提高组织能力。

这些收获可以在他们的一次文艺创作中略见一斑。1916年第 66 期《清华周刊》曾在《校闻》专栏中报道"演剧记事"，介绍了学生们自编自演的《贫民惨剧》。这出剧展现了他们对身处社会底层的贫民悲惨生活的了解与同情，在北京米市大街基督教青年会演出时，"观者甚众，成为动容，若亲历其苦境"[24]。剧组的总干事之一是日后成为

图 15　张光圻（左）
图片来源：《毕业同学
Alumni》，《清华年报》，
第 9 卷，1926 年，135 页。

图 16　朱彬（右）
图片来源：《毕业同学
Alumni》，《清华年报》，
第 9 卷，1926 年，135 页。

建筑师的张光圻（1895—？，图 15）；爱好美术的朱彬
（1896—1971，图 16）担任了布景设计；后来成为著名剧
作家的洪深，以及后来成为著名哲学家和国学大师的汤用
彤是这出剧的编剧。由此可见，这出剧不仅体现了这批清
华学生们对社会的关怀和理解，还体现了他们各尽所能的
奉献精神，以及团队工作的合作精神。

德育教育对学生的人格塑造影响深远。朱彬留学回国后与
校友关颂声和杨廷宝创办了中国近代最负盛名的华人建筑
师事务所——基泰工程司，曾有多位清华校友在该所工作。
朱在清华时曾以智育"绘造图样"获得清华学校金牌一面。
1918 年他到美国后给母校的老师 Danton 博士夫妇写过
一封信。当时第一次世界大战刚刚结束，他在费城的生活
并不好。但他说："其进愈难，则收获愈令我欣悦。毕竟，

我国政府遣我来此非为享乐。"[25] 这封信充分表达出一名清华学生的志向——他到美国以求学为目标，所以对经历的磨砺能泰然处之，甚至甘之如饴。

第66期《清华周刊》还介绍了高、中两科的（年）级长、班长及自修室长的选定结果。张光圻当时是高四级的级长，梁思成是中等科国文班一乙班的班长。与张光圻同级的甲班班长是日后成为著名医学家的孙克基（1892—1968，图17）。由孙投资建造的上海产妇医院（今长宁区妇幼保健院，图18）是中国第一所妇产科医院，也是中国近代建筑史上的一件名作，它的设计者是庄俊（1888—1990，图19）。庄在1910年通过考试获得庚款赞助，是第一位留学美国学习建筑的中国人。他在1914年回国后担任了清华学校的驻校建筑师，负责监造校园建筑。学生们的这些自我管理工作应该非常有助于培养他们的社会责任感。因此，1927年张光圻能够想到并做到联合吕彦直、庄俊、巫振英等清华校友及在沪的著名中国建筑师范文照发起成立上海（后改为中国）建筑师学会（图20），以"联络同业，组织团体，冀向社会贡献建筑事业之真谛"[26]，并非偶然。

图 17　孙克基（右上）

图 片 来 源：http：//city.021east.com/eastday/city/gk/20190530/u1a14871052_K30062.html.

图 18　庄俊，上海大西路产妇医院（今长宁区妇幼保健院），1934 年 5 月—1935 年 1 月（左）

图片来源：《中国建筑》，第 3 卷第 5 期，1935 年 11 月，29 页。

图 19　庄俊，约 1926 年（右下）

图片来源："毕业同学 Alumni：庄俊 1910 年"，《清华学报》，第 9 卷，1926 年，132 页。

图20　中国建筑师学会1933年年会合影,其中清华毕业生有:前排左2王华彬,左3巫振英;二排左3陈植,左4赵深,左5董大酉,左6庄俊,右1林澍民;三排左1薛次莘;后排左2童寯,左3杨廷宝.
图片来源:《中国建筑》,第1卷第1期,1933年7月,37页。

梁思成（1901—1972，图21）在 1923 年担任了学生会交际科的正主任，当时的主席是徐宗涑（1900—1975，图22）[27]。徐毕业于麻省理工学院（MIT）化学工程系，回国后曾任东北大学化学系教授和系主任（图23）。九一八事变后他到上海水泥公司任职，对中国水泥工业的发展作出了突出贡献。[28]

清华校史专家黄延复曾说："学生时期的梁思成的另一与众不同处，就是他具有冷静而敏锐的政治头脑，同学们称他为'一个有政治头脑的艺术家'。"[29] 除了黄举出的例子——梁是 1919 年五四运动清华学生中的小领袖以及"爱国十人团"和义勇军中的中坚分子——之外，1922 年《清华周刊》第 238 期曾刊登一篇署名为"思成"的文章，还可以作为这一判断另一个更有力的证据。这篇文章的题目是《对于新校长条件的疑问》。[30] 在文中，他针对清华同学们在校长选择上提出的"中英文兼优""办教育有名望""没有政党臭味"三个条件，一一提出了自己的看法。其中针对第三条，他说："人类是有'群性'的动物，他们群性的产品就是社会，在社会上的团体活动就是政治，所以政治同社会是不能分离的，除非没有社会，有社会便有政治。……一个人既与

成 思 梁

涑 宗 徐

图 21　梁思成
图片来源：《级刊职员：梁思成》，
《癸亥级刊》，1919年6月，22页。

图 22a　徐宗涑
图片来源：《级刊职员：梁思成》，
《癸亥级刊》，1919年6月，22页。

图 22b　徐宗涑（后排左）、梁治华（实秋）（后排右）与清华校友吴景超
（前排右），抗战时期
图片来源：《文学大师梁实秋》，《台湾师范大学数位校史馆》，http://
archives.lib.ntnu.edu.tw/exhibitions/LiangShihChiu/

图 23　清华校友任教东北大学，1929 年。坐者右起：徐宗涑、梁思成、
蔡方荫、陈植、傅鹰
图片来源：梁思成全集（一）[M]. 北京：中国建筑工业出版社，2001.

政治有关系，他就必定有所属的政党。"他针对有人担心
学生受政党利用的顾虑说："受不受人利用，本来权就在
学生自己，不是别人所管的着。若说不受人利用，天下
哪有这种事。若说怕人受利用，那人便是没有意志。"文
章还说："我们学生若是遇着政党要来利用我们，只要是
正当的，于社会有益的，于我们自己有益的，我们自然
不反对他利用，并且应当欢迎。若说不正当的，我们自
己把持住主意，不受他利用就是。有谁能干涉我？"这
篇文章显示出梁的"政治头脑"和对于政党的态度，以
及他对自己能够在与政党的关系上保持自主的自信。这

图 24　童寯在清华，1923 年
图片来源：张琴 . 长夜的独行者：童寯 1963—1983[M]. 上海：同济大学
出版社，2018：38.

一自信可以帮助后人理解他在 1949 年时选择留在大陆的
决定以及他之后所经历的命运。

梁思成还是《清华年报》社 1922—1923 年的美术编辑。
童寯（1900—1983，图 24）比他低两个年级，当时是他
的助手，一年后也升任美术编辑，而过元熙则担任了发行
经理（图 25）。[31]《清华年报》的英文编辑主席曾由清代
大儒全祖望的后人全增嘏（1903—1984，图 26）担任，
他日后成为《中国评论》《论语》和《天下月刊》等中国
近代著名英文刊物的编辑和著名哲学家。童寯三篇有关

图 25 《清华周刊》经理部合影，后排中为过元熙
图片来源：《出版物》，《清华年报》，第 9 卷，1926 年，132 页。

中国园林研究的英文论文就发表在《天下月刊》。[32]《清华年报》英文编辑中还有江元仁（1902—1968，图 27），他 1926 年毕业于康奈尔大学土木工程系，回国后任教于上海交通大学。

1928 年梁思成、林徽因学成归国，在沈阳创办东北大学建筑工程系。1929 年和 1930 年，陈植（图 28）和童寯回国加入并担任教职（图 29）。九一八事变后，东北大学建筑系三、四年级学生到上海，由陈植向大夏大学磋商借读，陈植和童寯继续教设计，作为二人校友的江元仁也曾出手帮助，负责教授工程。[33] 由此可见，这些校友学生时代的友谊日后发展成为他们在事业上的相互支持与合作。

全　增　嘏

仁　元　江

植　　陳

图26　全增嘏（左上）
图片来源：《癸亥级刊》，1919年6
月，31页。

图27　江元仁（右上）
图片来源：《癸亥级刊》，1919年6
月，31页。

图28　陈植（下）
图片来源：《癸亥级刊》，1919年6
月，23页。

图 29　东北大学建筑系师生合影，约 1931 年 4 月。前排坐者左 1 蔡方荫，
左 2 童寯，左 4 陈植、左 5 梁思成

图片来源：童明先生收藏。其中人物辨识见：王浩娱．东北大学建筑系师生合
影 [M]// 林源，岳岩敏主编．中国建筑口述史文库（第三辑）．上海：同济大学
出版社，2020：322-331.

说到童寯，这里有必要提到 1925 年 5 月 1 日《清华周刊》第 345 期上刊登的他致总编辑的一封信。信中提到第 344 期《清华周刊》刊载消息说"社长王慎名君随足球队南下，社中职务交童寯代拆代行"，但童寯特别解释道，"王君只委托寯向司达女士（按：Miss Florence Esther Starr）接洽演讲，其余社务，由梁衍君（按：1908—2000，图 30）代理，请为更正，以免社友误会"[34]。这封信虽短，但足见童寯诚实的君子品性。

1919 年的五四运动对清华校园文化的影响也非常大。闻一多曾作画表现当时学生在天安门前演讲的情形（图 31）。梁实秋在《清华八年》中也曾说："自五月十九日以后，北京学生开始街道演讲。我随同大队进城，在前门外珠市口我们一小队人从店铺里搬来几条木凳横排在街道上，人越聚越多，讲演的情绪越来越激昂，……五四运动原是一个短暂的爱国运动，热烈的，自发的，纯洁的，'如击石火，似闪电光'，很快的就过去了。可是年轻的学生们经此刺激震动而突然觉醒了，登时表现出一股蓬蓬勃勃的朝气，好像是蕴藏压抑多年的情绪与生活力，一旦获得了迸发奔放的机会，一发而不可收拾，沛然而莫之能御。当时以我个人所感到的而言，这一股

图30 梁衍
图片来源:"游美预备部",《清华年报》,第9卷,1926年,73页。

图31 闻一多绘,五四运动时清华学生在天安门前街头演讲情形。
图片来源:https://www.alamy.com/english-tsinghuas-students-in-may-fourth-movement-painted-by-wenyiduo-in-1919-1919-wen-yiduo-616-tsinghuas-students-in-may-fourth-movement-by-wenyiduo-image187536531.html.

力量在两点上有明显的表现:一是学生的组织,一是广泛的求知欲。"

梁的回忆强调了五四运动对清华学生智育的影响,但事实上这场运动也为清华的德育教育注入了新的内容,这就是爱国主义,尽管这一内容并非校方的有意灌输。五四运动是由中国民众抗议北洋政府在巴黎和会上未能捍卫中国权益而引发的，但广义的五四运动还包括 1915 年中国民众为抵制日本《对华二十一条要求》（简称"二十一条"）而发起的游行示威活动。1915 年 5 月 7 日日本政府向北洋政府发出最后通牒，中国方面被迫在 5 月 9 号签字。"五七"或"五九"因此称为中国的"国耻日"。清华学校自此每年举行国耻纪念一次。1919 年举行国耻纪念年会时，"同学激于五四之事，尤觉创巨痛深，故举会时精神较前更为诚挚恳切"。会上发出《誓言》："中华民国八年五月九日，清华学校学生，从今以后，愿牺牲生命以保护中华民国人民、土地、主权。此誓！"[35]（图 32）

受其同事和学生回忆的影响，今天人们印象中的杨廷宝先生是一位与世无争、无可无不可的谦谦君子。但作为一名经历了五四运动的学生，他至少曾经也是一名热血青年。杨的家国情怀清楚地体现在他于 1924 年 3 月 31 日自宾大发给众议院河南省议员陈铭鉴的一封有关西藏问题的信。信中说："校中古物陈列所有人演说西藏之风俗人情，直谓该区为独立国家，界乎中国与英属印度之间。闻之异常诧异。西藏向为我国藩属，又为组织民国五族之一，外人何以遽出此言？岂英人虎视狼食，宁造言惑世，以冀

32a 　　　　　　　　32b

纪念五七（五九）国耻日
图32a "五月九日之国耻纪念会"，《清华周刊（十周年纪念号）》，1921年4月28日，36页。
图32b 《清华周刊》，第29卷第13期，1928年5月11日，封面。

遂其兼并之野心耶？吾国人似不可不于西藏问题，特加注意。"这一来信到后，"未数日各报纷载"，而英兵侵入西藏之警耗，连同随后收到的川边人民来电报告，遂引起社会以及包括陈铭鉴、黄元操等在内的20余位参议员的高度关注。[36]

日后成为著名市政学家的张锐（1906—1999，图33），曾在1930年与梁思成合著《天津特别市物质建设方案》。他于1926年7月赴美，在船上写下《别祖国》一诗寄赠友人："别矣：我系恋的祖国！那儿有雄踞的长城，那儿是华胄的血地；太阳照耀着我的家乡，五色旗儿在空中荡漾。看哪：我系恋的祖国！敌人嚼着你的心肝，魑魅爬上你的肩膀；月儿哭向着我的家乡，惨淡得让人不忍再看。祖国——我系恋的祖国！斗（原文）然间我想起秦始皇，我又记起那成吉思汗；看着这破碎的山河，我胸中似海潮般澎湃。同舟：我祖国的青年！离情麻不醉我们的沸血，海风吹不化胸中的块磊【垒】；让我们为祖国忘掉了一切，携着手誓将颈血洒遍！"[37]相信这首诗反映了当时很多清华同学的心声。

一个重视德育的校园对于学生人格和社会责任心的培养必然产生深远影响。中国建筑师学会会员林澍民（1892—1987，图34）晚年致亲友的一封信或许就体现了这一影响。他1916年毕业于清华学校，之后留学美国明尼苏达大学建筑工程系，1922年获得硕士学位。他在信中说："我们的先人没有给我们留下任何财产，但他们确实给我们留下了比金钱所能购买的任何东西远为宝贵的遗产：读书受教的头脑，慈爱人类的心，和对祖国的爱。"[38]

33a

34

33b

图33a　张锐
图片来源:《清华年报》，第9卷，
1926年，50页。
图33b　梁思成、张锐合拟《天津
特别市物质建设方案》(天津：北洋
美术印刷所，1930年)封面
图34　林澍民
图片来源:《林澍民》，《美国明尼苏
达大学中国代表处》，https://china.
umn.edu/alumni/distinguished-
alumni/lin-shu-ming.

二、智育："自动的作业、创作的精神、练习的机会"

从上文所引梁实秋《清华八年》一文中有关课程的介绍可知，清华学校所开课程十分丰富，科目涵盖数、理、化、文、史、哲，以及心理、政治、社会、伦理、地理等诸多方面，教课方式英、中兼有，使学生在出国之前就已打下非常宽广的智育基础。梁还对美国老师的教学方法感受颇深。他说："两位美籍的女教师使我特殊受益的倒不在英文训练，而在她们教导我们练习使用"议会法"，这一套如何主持会议，如何进行讨论，如何交付表决等等的艺术，以后证明十分有用，这也就是孙中山先生所谓的"民权初步"。……。她们还教了我们作文的方法，题目到手之后，怎样先作大纲，怎样写提纲挈领的句子，有时还要把别人的文章缩写成为大纲，有时从一个大纲扩展成为一篇文章，这一切其实就是思想训练，所以不仅对英文作文有用，对国文也一样的有用。"

除了学校规定的课程外，清华学校的学生还"尽力偷出时间在课外下功夫"。《清华周刊（本校十周年纪念号）》的编者对此极为强调，并用大量篇幅给予记录。他解释原因说："（一）这是自动的作业，自己明白他（它）的作用和兴趣；（二）这是创作的精神，自己开发的分外值得；（三）这是练习的机会，由经验里得来的学问实在还有一层最重要的意思，真是许多看不出这项作业用意的人所忽略的。像我们这般颓唐的国家，要想振作，非得有一群人老实肯作（原文）事。所以无论什么地方，只要有人抱着好心肠极力的作（原文）事，不管怎样作（原文）法都是好的。换句话，不管怎样，实地的工作最有价值。在学校里，养成不肯放过光阴，时刻准备作事的习惯最要紧。"[39] 简言之就是有助于培养符合学生天性的兴趣爱好，鼓励创造精神和锻炼实践本领。例如，张锐曾是政治学研究会的会员兼会计、《清华周刊》总编辑（1924—1926）以及学生组办的售品公所的董事。[40] 日后成为建筑师和建筑教授的黄学诗（1907—？，图35）也是售品公所的董事。[41] 日后成为著名市政学家的董修甲（1891—1950 年后，图36）在清华期间以辩论见长，多次获得辩论比赛奖。他曾担任国语演说辩论会会长。[42] 而日后担任了内政部营建司司长的哈雄文（1907—1981，图37）在清华期间曾是经济调查会的会员兼会计。[43]

生先甲修董

图 35　黄学诗
图片来源："游美预备部"，《清华
年报》，第 9 卷，1926 年，55 页。

图 36　董修甲
图片来源："赞助本会最力者：董修
甲先生"，《寰球中国学生会年鉴》，
第 2 期，1923 年 10 月，30 页。

图 37　哈雄文
图片来源：《游美预备部》，《清华年
报》，第 9 卷，1926 年，68 页。

不过这些"课下功夫"中与本文讨论的留美建筑家们关系最为密切的是艺术类组织或活动。艺术是清华学校智育的重要组成部分，与科学、社会科学、哲学和文学并重。它呼应了中国近代杰出的教育家、曾任教育部长的蔡元培在借鉴西方教育思想提出的"以美育代替宗教"的主张，这就是美育与宗教皆具有感情陶养之作用，而美之普遍性较宗教的排他性更能培养人类高尚的情操。

清华学校注重美术的传统可以追溯到办学之初。在1917年以前，中等科一、二、三年级都有图画课。之后三年级图画课取消，但一、二年级依然保留。爱好绘画的学生于是组织了一个特别图画班，每周六习画两小时。1919年秋天，教师司达女士示意闻一多、杨廷宝、方来，以及日后成为著名的民族学家、教育家的吴泽霖四名同学发起创办了美术社，起初会员有20余人。至1920年底，会员已达50多人。[44]

在清华上学期间，杨廷宝就以美术成绩突出著称。《清华周刊》曾出版他所在年级"辛酉级"（按：1921年为农历辛酉年）的专辑《辛酉镜》，其中介绍说他："居校谨言行，勤诵读，汪汪轨度，有文雅风。试英文辄列前茅。好拳术，本年校中比赛拳术，廷宝击剑获第二。尤嗜丹青，作山水人物，惟妙惟肖。尝得本校图画奖。现任《清华年报》图画副编辑及孔教会图画书记。"[45] 专辑中的另一篇文章也说"杨廷宝喜作人物，或以铅或以彩皆可观"，"杨廷宝以图画冠全级，获奖颇多"，"《年报》有图画副编辑二人，皆吾级友充之。闻多（图38）、杨廷宝是也"[46]。这篇文章中还提到另一位在绘画方面非常优秀的学生方来（字孟晋，江苏武进人，1900—1922，图39），他1921年从清华毕业后也赴宾夕法尼亚大学学习建筑。但很不幸，他在第二年就因病逝世。

梁思成还与闻多（按：即闻一多，1899—1946）和日后成为政治学家、教育家、诗人的浦薛凤（1900—1997，图40）等同学在1920年12月成立了以希腊神话中司文学和美术的女神"美司斯"（Muses，今译"缪斯"）命名的艺术团体，其宗旨是"研究艺术及其与人生关系"。它的宣言里说："我们深信人类的进化是由物质至于精神，即由量进于质的。生命底量至多不过百年，他的质却可以无限度地往高深醇美的境域发展。生命底艺化便是生命达到高深醇美底鹄的底唯一方法。""我们既相信艺术能够抬高、加深、养醇、变美我们的生活底（原文）质

45

图 38　闻多
图片来源:《清华周刊—辛酉镜》,
1917 年 6 月 15 日。

图 39　方来
图片来源:《清华周刊—辛酉镜》,
1917 年 6 月 15 日。

图 40　浦薛凤
图片来源:《清华周刊—辛酉镜》,
1917 年 6 月 15 日。

料，我们就要实行探搜'此中三昧'，并用我们自己的生活作试验品。"[47] 12月10日在"美司斯"社召开成立大会，著名艺术家陈师曾、吴新吾、刘雅农、江少鹣等到会演讲，最后由梁启超讲"中国古代真善美之理论"。[48] 梁启超对美术的重视与他"趣味主义"的美学思想密不可分。他曾说："我虽不敢说趣味便是生活，但敢说没趣便不成生活。"他认为，美和美术之来源，一定与趣味有关，而趣味则一定与生活有关。在他看来，审美本能人人都有。但感觉器官不常用或不会用，久而久之便会麻木。一个人麻木，便成了没趣的人；一个民族麻木，便成了没趣的民族。所以，他认为，美术的功用，在于把这种麻木状态恢复过来。培养美术之趣味，便是培养整个国民的美术兴趣。更重要的是，要以美术的趣味功用，来恢复整个民族的麻木状态。[49] 梁思成等在清华学校成立美司斯社，并以"研究艺术及其与人生关系"为宗旨，显然可以被视为是梁启超这一主张的实践。

梁思成和徐宗涑是美司斯社的干事，闻多为书记，浦薛凤为会计。根据美术社合影可知童寯也在其中（图41）。毫无疑问，这些中国学生进入美国大学后能够很快适应建筑学专业的学习并表现突出，母校为他们打下的美术

图41 清华学校美术社成员与教师（按：当即 Miss Starr）合影，右起第6为梁思成，第4当为 Miss Starr，第3当为童寯，前排中蹲者或为过元熙。
图片来源：林洙．梁思成、林徽因与我 [M]．北京：中国青年出版社，2011.

基础功不可没。会员们不仅练习各种工具和各种题材的绘画，还研究中外图案、美术史及名家传略，并通过读书报告会相互交流。[50] 他们的思考在童寯于《清华周刊》发表的《参观惠具利展览会记》一文中可略见一斑。[51] 童于 1925 年 2 月 20 日参观了在北京饭店举办的瑞士艺术家惠具利（Charles Adolphe Egli, 1894—1979）作品展。惠氏作品具有塞尚风格，在当时属于现代主义。童的参观记记录了他与画家本人就日本绘画、中国绘画和当代西方印象派和后期印象派的讨论，以及他对画家作品的评论，反映出他在学生时代就对东方美术和西方现代美术极为关注，美术观念颇为前卫。童在毕业旅行、职业生涯和晚年著述中对现代建筑的探寻或许就可追溯到他在清华学校读书时对世界美术新思潮的关注。

梁启超对音乐及其社会作用也极为重视。他认为音乐可以伸民气、振精神、怡性情、益教育。他说，"甚矣，声音之道感人深矣"（《饮冰室诗话》，第 54 节），并进一步地指出，"欲改造国民之品质，则诗歌音乐为精神教育之一要件"（第 77 节）。在《论幼学》中，他指出，幼儿"必习音乐，使无厌苦，且和其血气"，进而指出"今日不从事教育则已，苟从事教育，则唱歌一科，实为学校中万不可阙者"（第 97 节）[52]。可以说，除文史之外，梁思成日后对美术和音乐的爱好都体现出父亲的影响。不过他在这两方面受到的训练则要拜清华校园文化之赐。

清华的智育教育不仅有上文介绍过的美术，也有音乐。因办学模式仿自美国高中，所以校方在办学之初就设置了音乐课，进行规定性音乐教学。1912 年学校还成立了高等科音乐团和高等科唱诗团（High School Choir），以外籍人士为教师，曲目多以圣诞歌曲和宗教声乐作品为主。1916 年，学校为配合学生体育军操，又决定成立学生铜乐队（即军乐队），以鼓舞学生士气并使军操正规化。[53]

受此校园环境的影响，日后成为建筑家的清华学生不乏音乐爱好者甚至高手。如童寯毕生爱好古典音乐[54]；董大酉和梁思成在清华时曾先后加入学校铜乐队，先后担任过队长[55]，梁还是学校唱歌团的队员（图 42）。1923 年《清华周刊》报道学校 12 周年纪念活动，有"江元仁、黄自、梁思成、应尚能四君合唱。四君服一色制服——淡青色的竹布衫同玳瑁边的大眼镜——歌声亦和谐可听"[56]的报道。

图 42　清华学校唱歌团合影。前排中为梁思成，后排右 4 为黄自。前排右 3 当为陈植，右 4 当为江元仁，后排右 2 当为应尚能

图片来源：林洙．梁思成、林徽因与我 [M]．北京：中国青年出版社，2011：36.

陈植的音乐造诣也非常高，他曾与美国人同台演唱贝多芬第九交响乐《欢乐颂》四重唱，是中国人在海外以男中音演唱这首歌的第一人。[57] 梁衍更是一名出色的小提琴演奏家。他不仅曾在师从现代建筑大师赖特期间献艺演奏，还在退休后加入加州戴亚博洛交响乐团（Diablo Symphony Orchestra）并担任第二小提琴手。[58] 不凡的音乐素养还帮助他们中的一些人认识建筑。1961 年梁思成曾在一篇文章中将建筑类比音乐，对北京天宁寺塔的建筑设计作节奏分析（图 43）[59]，童寯也曾指出建筑的黄金分割与音乐节奏有密切关联[60]。

除了美术和音乐的教育之外，这些清华学生在留美之前甚至还有机会接受建筑学的熏陶。第二届庚款留学生庄俊是中国第一位留美的建筑师。他回国后在清华当驻校建筑管理员，期间他曾给同学讲测量课。[61] 更值得注意的是，1916 年清华大礼堂、图书馆、体育馆和科学馆"四大建筑"（见后图 55~ 图 58）正在兴建之时，设计者茂旦洋行（Murphy & Dana, Architects）的建筑师雷先生（Charles E. Lane）进驻清华。他曾给学生介绍建筑学（图 44）。《清华周刊》报道："高四演讲：上周五晚八时，周校长特请本校工程师雷先生，在物理教室为高

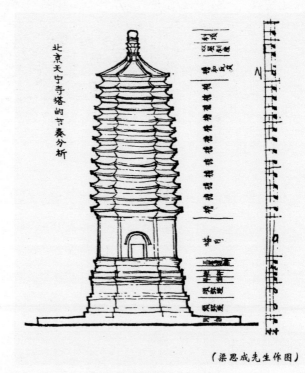

北京天宁寺塔的节奏分析

（梁思成先生作图）

图43　梁思成，"北京天宁寺塔的节奏分析"，1961年
图片来源：梁思成. 建筑和建筑的艺术 [N]. 人民日报，1961-7-26；梁思成全集（五）[M]. 北京：中国建筑工业出版社，2001：361-369.

图 44　驻校建筑管理员庄俊（右）与驻校建筑师雷（Charles E. Lane）合影
图片来源：刘亦师. 中国近代建筑史概论 [M]. 北京：商务印书馆，2019：294.

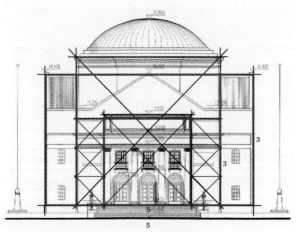

图 45　赖德霖，清华学校大礼堂立面构图比例分析
图片来源：赖德霖，伍江，徐苏斌主编. 中国近代建筑史·第 3 卷 [M].
北京：中国建筑工业出版社，2016：475.

四级学生演讲建筑学事项，极多经验之谈。并由狄铁满先生（按：狄授高等科历史、经济），排置电影机械（按：当即幻灯机），以古今有名建筑，现之壁面。听者观者如当卧游也。"[62] 以往人们在谈论梁思成选择建筑专业时常常以为他是受到林徽因的影响，说林又是因为受到英国房东的影响。但为数颇多的中国近代建筑师曾受教于清华这一事实说明，校园文化对他们的专业选择也有不可忽视的影响。

杨廷宝设计作品的很多立面都遵循了1：1、1：2、2：3、3：5等斐波那契数字（Fibonacci numbers）的比例。非常巧，清华大礼堂的立面设计也暗含了1：1、3：5的比值（图45）。[63] 虽然我们并不能就此推断杨廷宝受到了茂飞设计的直接影响，但可以相信，清华校园建筑的古典氛围对于培养一代准建筑师的审美并使他们能够很快适应美国学院派（Beaux-Arts）式建筑教育一定不无裨益。

三、体育："强健之身体，活泼之精神"

清华从办学初期就非常重视体育，延续至今已是一个传统。清华体育协会于1911年10月成立。1927年与张光圻等参与发起成立上海（后改为中国）建筑师学会，并任职于上海市市中心区域建设委员会建筑师办事处的巫振英，就曾担任过该协会会长。[64] 张光圻本人则从1915年出版的《清华周刊》创刊号开始就多期连载有关欧洲各国小学体育的介绍，并指出"学校欲造就完全人才，必须智德体三育并重。……盖儿童为人生发育时代，此时而不使其体质发达充足，将来恐无强健之望也"[65]。《清华周刊》在1916年5月10日发表的《学校体育之真精神》一文中更强调："国弱者何？民不强也。民胡为尔不强？体育之未普而民力无由振也。""吾校讲求运动，注意体育，冀使同学皆有强健之身体，活泼之精神。以之为学，则学业必进。以之服务，则治举必张。"[66]

《清华周刊》中还有很多关于学校体育的报道或介绍，其中涉及的中国第一代建筑师不乏其人。如王华彬（1907—1988，图46）1932年毕业于宾夕法尼亚大学，回国后在上海市中心区域建设委员会建筑师办事处任助理建筑师，

图 46a　王华彬
图 46b　网球队合影，右 2 为王华彬，左 2 为黄学诗

图片来源：《清华年报》，第 9 卷，1926 年，68、125 页。

46a

網球隊

46b

他在清华时是棒球队和网球队的队员[67]，工作后还曾获得上海特别市市政府同人网球赛单打冠军。[68]办事处的主任建筑师是他在清华的学长董大酉（1899—1973，图47），更是学校的一名体育健将，身兼网球、抵球（按：即排球）和足球队队员。他与关颂声及其弟颂韬（后为中国著名脑外科医生）都是校足球队的著名"球星"。[69]梁实秋在《清华八年》曾特别回忆到以董为门将的清华足球队力克上海南洋大学足球队。董对体育的酷爱在他成为建筑师后依旧，他设计的自宅中都有网球场。[70]

关颂声到美国 MIT 学习建筑工程的同时，还是学校棒球队的队长和田径队的队员。他的基泰合伙人杨廷宝（1901—1982，图48），曾是清华拳术队队员。杨的老师当时是清华拳术和剑术教员、著名的武术教育家李剑秋。杨赴美留学后，《清华周刊》仍有关于他的报道："此地同学中，老杨是数一数二的富翁，他虽是一个建筑学生，不是经济学家，但他的图纸一出总是洛阳纸贵，得来不少奖金。在清华时，忘不了老杨的拳术。在此地，却见他剑舞梨花，锦绣的衣裳，配着红巾、黑皂鞋，在树叶深丛，五色电光下，几辨不出 1921 级的老杨。"[71]而基泰另一位设计师萨本远，曾是清华棒球队队员（1926，图49）。[72]

酉 大 董　47a

图 47a　董大酉，约 1917 年
图 47b　《本级运动队》，二排右 3 为董大酉
图 47c　《本级网球队》，右 1 为董大酉
图片来源：《清华周刊—辛酉镜》，1917 年
6 月 15 日。

隊 動 運 級 本　47b

木 級 網 球 隊

47c

隊　球　抵　級　本

47d

木級足球隊

47e

图 47d 《本级抵球队》，二排右 1 为董大酉
图 47e 《本级足球队》，前排中为董大酉
图片来源：《清华周刊—辛酉镜》，1917 年 6 月 15 日。

楊 廷 寶

48a

图 48a 杨廷宝，约 1917 年
图 48b 《本级拳术队》，队长
陈念宗与队员杨廷宝（左）
图片来源：《清华周刊—辛酉
镜》，1917 年 6 月 15 日。

本級拳術隊

48b

图 49a　萨本远
图 49b　棒球队合影，二排左 1 为萨本远
图片来源：《清华年报》，第 9 卷，1926 年，76、
113 页。

49a

49b

其实体育不仅可以强健身体、活泼精神，还有助于培养坚韧自强、积极进取的生命态度，以及公平竞争意识（五四新文化运动时期译为"费厄泼赖"，即 fair play）、团队合作精神和集体荣誉感（图50）。[73]正如任教于清华的中国近代杰出的体育教育家马约翰（1882—1966，图51）所认为，体育不仅能够培养人的"勇气、自信、坚持、决心、进取心"等性格，而且能够培养人"公正、自由、忠诚、合作"等社会品格。[74]事实上，这些品德在很多清华毕业的第一代中国建筑师的身上都能看到[75]，反映出母校校园文化对他们影响的又一重要方面。

图50a　基泰工程司校友所发祝词
图50b　华盖建筑事务所校友所发祝词
图片来源：《清华年报》，1937年，135、136页。

图 51　马约翰
图片来源:《清华年报》, 第 9 卷, 1926 年,
138 页。

梁思成非常感念清华体育教育对他日后事业的帮助, 他说
自己在考察古建筑时能够自如地攀爬梁柱就得益于学校单
双杠和爬绳的训练。[76] 更非偶然, 上述几位酷爱体育的建
筑师日后都成为中国现代体育建筑设计的先驱: 关颂声和
杨廷宝以及他们的校友朱彬所办的基泰工程司, 设计了沈
阳东北大学体育场 (1929—1931, 图 52)、天津华北运动
场 (1933—1934)、北平公共体育场 (1936)[77] 和南京中
央体育场全部场馆 (1930—1933, 图 53) 等[78], 后者还
包括有用于武术表演和竞技的国术场; 而由董大酉主持和
巫振英与王华彬襄助的上海市中心区域建设委员会建筑师
办事处, 则设计了上海体育场的全部场馆 (1934—1935,
图 54)。终于, 他们借助建筑专业把自己对体育的爱好转
化为对于国家体育事业的推动。

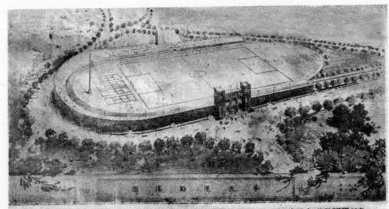

◦ 摄夫瑟周館像照明光 ◦ 縮聲頌開司公程工泰基 ◦ ◁圖計設之場動運陽瀋▷

The Great Stadium of Mukden designed by Messrs. Kuan Chu & Co. of Tientsin to commence construction very soon.

图 52　基泰工程司，沈阳东北大学运动场鸟瞰全景图
图片来源:《北洋画报》，第 6 卷第 293 期，1929 年 3 月，1 页。

基泰工程司，南京中央体育场，1931 年
图 53a　鸟瞰全景图
图 53b　体育场立面图
图片来源:《中国建筑》，第 1 卷第 3 期，1933 年 9 月，2、16 页。

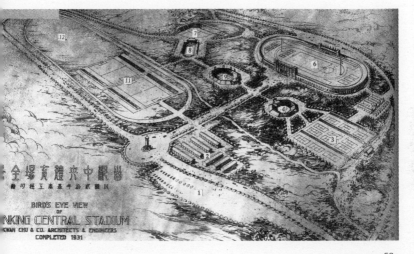

BIRD'S EYE VIEW
OF
NKING CENTRAL STADIUM
KWAN CHU & CO. ARCHITECTS & ENGINEERS
COMPLETED 1931

53a

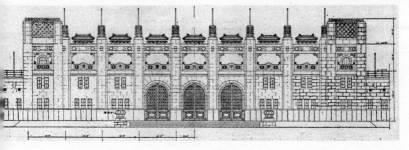

53b

54a

董大酉、王华彬建筑设计,裘燮钧、俞楚白结构设计,上海市体育场、体育馆、
游泳池, 1934 年春—1935 年 6 月
图 54a　鸟瞰全景图
图 54b　体育场立面
图 54c　体育馆透视图
图片来源:《中国建筑》, 第 2 卷第 8 期, 1934 年 8 月, 9、12、10 页。

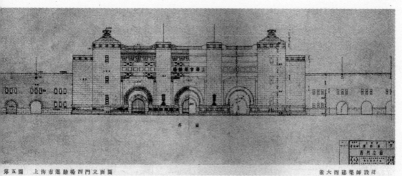

第五圖　上海市運動場四門立面圖　　　　　　　　　　　　　董大酉建築師設計

54b

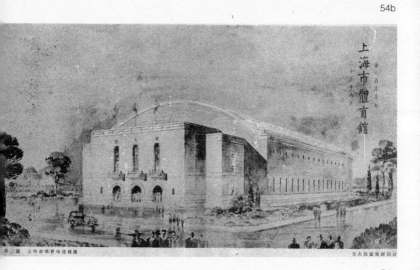

第二圖　上海市體育館透視圖　　　　　　　　　　　　　　董大酉建築師設計

上海市體育館

54c

以上是清华学校校园文化德、智（包括美）、体三方面对成长于此的第一代留美建筑家的影响。但从这些学生参与的各项德、智、体活动中，后人还可以看出另有一"育"。它虽不见于归纳出这"三育"的《清华周刊（本校十周年纪念号）》，但却无不体现在各育的群组活动之中，它就是"群育"。群育与德、智、体一同构成19世纪60年代以后，以北美基督教青年会（YMCA）为代表的青年"四育"（the spiritual, intellectual, social, and physical needs of young men）教育理念。[79] 而清华学校校园早期建筑本身就体现了办学者对这"四育"的重视与强调：作为仪典场所和学校最重要的宣讲空间的大礼堂（图55）代表了德育，作为知识殿堂的图书馆（图56）和研究实验室的科学馆（图57）代表了智育，带有篮球场和游泳池的体育馆代表了体育（图58），而供学生朝夕相处和相互砥砺的宿舍与教室（图59）代表了群育。

总之，一所优秀学校的使命不仅仅是培养学生的专业技能，还应该包括陶冶他们的心智和锻炼他们的体质。它的学生也不仅仅应该能够自立，还应该能够服务社会、报效国家和造福世界。要理解出自清华的中国第一代建筑家之所以能够取得如此突出成就并对中国建筑的现代化发展产生如此广泛和深远的影响，我们不仅要了解他们在美国所受的教育，而且还有必要追溯他们在清华学校学习时的校园文化。综上所述，这一校园文化对他们的影响至少有六个方面，这就是积极进取的人生观、自由多元的个性、德智体美群全面发展的教程、同学和校友间交流合作的可能、爱国主义和社会关怀的陶冶以及知行合一的作风。对于中国今天建筑教育甚至高等教育的发展，这一近代校园文化传统依然不失其参考价值和借鉴意义。

北 京 清 華 學 校 禮 堂 (平 視)

图 55 清华学校大礼堂，1920 年代
图片来源:《中国教育界》，第 13 卷第 4 期，1923 年 10 月，插图无页码。

北 京 清 華 學 校 圖 書 館 內 部

56a

56b

图 56a、56b　清华学校图书馆室内
图片 56a 来源:《中华教育界》,第
13 卷第 4 期,1923 年 10 月,1 页。
图片 56b 来源:《中华工程师学会会
报》,第 7 卷第 4 期,1920 年,1 页。

影 攝 館 學 科 校 學 華 清 京 北
築 建 君 俊 莊 員 會 正 會 本

57a

图 57a　清华学校科学馆
图片来源:《中华工程师学会会报》, 第 7 卷第 2 期, 1920 年, 2 页。
图 57b　清华学校科学馆物理实验室室内
图片来源:《科学》, 第 10 卷第 2 期, 1925 年 5 月, 1 页。

北京清華大學科學館設備之二（物理實驗室 b）

57b

北京清華學校體育館

58a

58b

图 58a　清华学校体育馆
图片来源:《中华教育界》,第 13 卷第 5
期,1923 年 11 月,2 页。
图 58b　体育馆室内
图片来源:《中华工程师学会会报》,第
7 卷第 4 期,1920 年,1 页。

The Dormitory—The Interior View of a Dormitory Room

59a

图 59a、59b　清华学校学生宿舍外观及室内

梁实秋在《清华八年》一文中说："临毕业前一年是最舒适的一年，搬到向往已久的大楼里面去住，别是一番滋味。这一部分的宿舍有较好的设备，床是钢丝的。屋里有暖气炉，厕所里面有淋浴有抽水马桶。不过也有人不能适应抽水马桶，以为做这种事而不采取蹲的姿势是无法达成任务的……，可见吸收西方文化也并不简单，虽然绝大多数的人是乐于接受的。"

图片来源：《清华年报》，第9卷，1926年，91页。

59b

注释

[1] 自 1909 年举办首届庚款留美招生考试，至 1929 年最后一批高等科学生毕业，经清华学校选拔和培养并赴美留学的中国学生共有 1279 人。见：赵赓飏. 梅贻琦传稿 [M]. 台北：邦信文化资讯公司，1989：32.

[2] 人名按赴美时间先后排序。

[3] 其他与清华学校有关的建筑家还有陆鸿棠、郭殿邦和方来，其生平详见附录。

[4] 官费留美有两种情况：一是直接考取；二是先经肄业馆（后清华学堂高等科）的培训并通过考试。前者如庄俊（1910）、陆鸿棠（1911），没有在清华学习的经历；后者中最早一批受培训学生如罗邦杰（1911，肄业馆于 1911 春开学，同年 6 月下旬期末考试通过），至少有一个学期在清华学习。另外从 1914 年开始，清华学校开始招取专科生赴美留学。考取学生需在国内外专门学校毕业，即已接受过某种专业的高等教育，其资格"全视考生所习学科之成绩与本校试验之分数为衡"（《清华大学史料选编》，第 1 卷，224–225 页）。这些人如缪恩钊（1914）、李铿（1916）、薛次莘（1916）、裴燮钧（1917）、谭真（1917）、庄秉权（1920），可能没有在清华学习的经历。

[5] 清华学校亦对在美自费生中品行纯正、学业优美者提供津贴。此类学生，如：杨宽麟（1912）、陈均沛（1918 年回国）、黄森光（1921 年密歇根大学毕业）、林徽因（1924），非经清华考选，所以未必有在清华学习经历。

[6] 吕彦直. 海底水雷 [J]. 科学，1915，1（4）：413–416；吕彦直. 爱迪生年谱 [J]. 科学，1915，1（11）：1332–1336；吕彦直. 汉张衡候风地动

仪（图画）[J]. 科学，1917，3（9）.

[7] 褒扬令集（初编）第 12 册 [M]. 台北：台湾"商务印书馆"，1985：
7671.

[8] 妙观. 沈阳之大体育场 [J]. 北洋画报，1929，6（293）：1.

[9] 《清华周刊（本校十周年纪念号）》，1921 年 4 月 28 日。

[10] 1919 年五四运动次日，清华学校高中两科科长召集校中大小会社领袖
57 人组织了代表清华学生的团体，称为"清华学生代表团"，后进一
步发展为学生会（出处同 [9]，"德育"第 3 页）。

[11] 1919 年五四运动后，山东军阀马良、天津警察厅厅长在暑假拘禁学
生，天津学界抗议，北京学界响应。8 月 28 日，抗议者"尽闭于天安
门内，虽军警驰骋殴打，惟其所愿，清华同学之在内者，受伤者不少"
（出处同 3，"德育"第 38 页）。

[12] 1919 年 11 月 16 日，在福州的日本人组织的"商品保护队"殴伤参
加抵抗日货运动的中国学生 5 人，并枪伤前来劝阻的中国巡警 1 人，
事后日本以保护日侨为名调军舰到闽示威。史称"福州惨案"，又称
"闽案"。

[13] 珲春今天位于吉林省延边朝鲜族自治州东部，地处中、朝、俄三国交
界地带。1920 年日本制造马贼袭击日本驻珲春领事馆，以此为借口出
兵珲春。史称"珲春事件"。

[14] 清华大学校史研究室编. 清华大学一百年 [M]. 北京：清华大学出版社，
2011：9.

[15] 同 [14]：21-22.

[16]《校长谈话》,《清华周刊》,第248期,1922年5月19日。转引自:周宏主编.清华之父曹云祥[M].西安:陕西师范大学出版社,2011:11-13.

[17] 过元熙.我的清华生活[J].清华周刊(清华十二周年纪念号),1923-4-28:155-160.

[18] 近年名人莅校演讲一览表[J].清华周刊(第四次临时增刊),1918:22-27.

[19]《仁友会》,《清华周刊(本校十周年纪念号)》,1921年4月28日,"德育"51页。本刊所记仁友会成立时间为1914年。

[20]《清华年报》,第9卷,1926年,105页。本刊所记仁友会成立时间为1913年。

[21] 参见:侯杰,王兴昀.外国传教士丁义华与基督宗教社会关怀[J].基督宗教研究,2008:177-193.

[22]《社会服务》,《清华周刊(本校十周年纪念号)》,1921年4月28日,"德育"7-8页。

[23] 顾毓琇,梁治华(实秋),翟桓.清华学生生活之面面观[J].清华周刊(本校十周年纪念号),49-94.

[24]《校闻:演剧纪事》,《清华周刊》,第66期,1916年2月29日,14-15页。

[25]《朱彬(Chu Pin)致 Dr . & Mrs. Danton 信,1918年10月8日》,《清华周刊》,第155期,1918年12月26日,5-8页。

[26] 范文照.中国建筑师学会缘起[J].中国建筑,1932(创刊号):1.

[27]《学生会重要职员》,《清华周刊(第九次增刊)》,1923年6月,38页。

[28] 徐友春主编 . 民国人物大辞典上 [M]. 石家庄：河北人民出版社，1991：1217.《梁思成全集》第一卷有梁在东北大学时与徐宗涑和陈植的合影。但说明文字错把徐名写成徐宗漱。

[29] 转引自：林洙 . 梁思成、林徽因与我 [M]. 北京：中国青年出版社，2011：39.

[30] 思成 . 对于新校长条件的疑问 [J]. 清华周刊，1922（238）：2–6.

[31]《1922—23 年〈清华年报〉社职员名单》,《清华周刊（第九次增刊）》, 1923 年 6 月，43–45 页。

[32] Tung, Chuin, "Chinese Gardens：Especially in Kiangsu and Chekiang," *Tien Hsia Monthly*, vol. 3, no. 3, Oct. 1936, 220–244; "Architectural Chronicle," *Tien Hsia Monthly*, vol. 5, no. 3, Oct. 1937, 308–312; "Foreign Influence in Chinese Architecture," *Tien Hsia Monthly*, vol. 6, no. 5, May, 1938, 410–417.

[33] 童寯 . 东北大学建筑系小史 [J]. 中国建筑，1932（创刊号）：40.

[34]《来函照登》,《清华周刊》, 346 期，1925 年 5 月 1 日，26 页。

[35]《誓言》,《清华周刊（本校十周年纪念号）》, 1921 年 4 月 28 日，36 页。

[36] 杨廷宝 . 英兵侵藏之质问 [N]. 益世报，1924–5–22：第 3 版 .

[37] 张锐 . 别祖国 [J]. 清华周刊，1926（400）：33.

[38] 林澍民 . 致 1978 年在美举行的林家聚会的贺信 [Z]. 林氏家风，2018–2–7，http://www.2jiapu.com/wenhua/wenhua—20180207—53979.html.

[39]《清华周刊（本校十周年纪念号）》, 1921 年 4 月 28 日，"智育" 1–2 页。

[40] 见《清华年报》, 第 9 卷，1926 年，97、107、123 页。

[41] 同 [40]，107 页。

[42] 见《清华周刊（第四次临时增刊）》，1918 年夏，30 页。

[43] 见《清华年报》，第 9 卷，1926 年，98 页。按：该会名称与《清华周刊（本校十周年纪念号）》中提到的"经济学会"不同，是前者的发展还是另成立的新会社待考。

[44]《智育—会社—美术社》，《清华周刊（本校十周年纪念号）》，1921 年 4 月 28 日，"智育"47–48 页。

[45]《级友：杨廷宝》，《辛酉镜》，1917 年 6 月 15 日，32–33 页。

[46]《美术》，《辛酉镜》，1917 年 6 月 15 日，美术 –2。

[47]《智育—会社—美司斯》，《清华周刊（本校十周年纪念号）》，1921 年 4 月 28 日，"智育" 37 页。

[48] 闻黎明，侯菊坤 . 闻一多年谱简编 [M]// 近代史资料·第 72 号 . 中国社会科学出版社，1989：10. 此外，梁启超还曾在 1922 年给北京美术学校和上海美术专门学校师生讲演《美术与科学》和《美术与生活》（见《饮冰室文集（38、39）》。

[49] 朱志荣 . 论梁启超的审美趣味观 [J]. 江南大学学报（人文社会科学版），2008（3）：96–99.

[50]《智育—会社—美术社》，《清华周刊（本校十周年纪念号）》，1921 年 4 月 28 日，"智育"47–48 页。

[51]《参观惠具利展览会记》，《清华周刊》，337 期，1925 年 2 月 27 日，65–68 页。这篇参观记不见于《童寯文集》，当是他的一篇佚文。

[52] 达威 . 梁启超、曾志忞对近代音乐文化的贡献 [J]. 人民音乐，1983（2）：39–41.

[53] 朱汉城 .1949 年以前的清华大学音乐教育 [J]. 中央音乐学院学报，1999（2）：73-76.

[54] 童诗白：《人品若山，力行一世——怀念我的父亲童寯》；童林夙：《深切怀念我的父亲童寯》。童明，杨永生编 .关于童寯 [M]. 北京：知识产权出版社，中国水利水电出版社 ，2002：111-115，116-122.

[55]《清华周刊（本校十周年纪念号)》，1921 年 4 月 28 日，"智育"44 页。

[56]《庆祝十二周年纪念志盛》，《清华周刊》，第 280 期，1923 年 5 月 4 日，26 页。黄自和应尚能二人日后都成为中国著名的音乐家。另据陈植回忆，梁思成还曾学习过钢琴和小提琴。见：林洙 .梁思成、林徽因与我 [M]. 北京：中国青年出版社，2011：39.

[57] 宓正明 .怀念建筑大师陈植 [EB]. 九三学社上海市委员会网，2011-06-27，http：//gov.eastday.com/node933/node934/hm/gc/u1a1735771.html.

[58] Edgar Tafel, ed., *Frank Lloyd Wright*：*Recollections by Those Who Knew Him*（Mineola, NY： Dover Publication, 2001), 127–132； "Yen Liang," *Chinese American Eyes*，Feb. 15, 2016, http：//chimericaneyes.blogspot.com/2016/02/about-artist-yen-liang.html.

[59] 梁思成 .建筑和建筑的艺术 [N]. 人民日报，1961-7-26；梁思成全集（五）[M]. 北京：中国建筑工业出版社，2001：361-369. 梁思成借助音乐讨论建筑的文章还有"拙匠随笔（三）：千篇一律与千变万化"（《人民日报》，1962 年 5 月 20 日，《梁思成全集（五），379-381 页）。梁在文章中说："音乐就是一种时间持续的艺术创作。我们往往可以听到在一首歌曲或者乐曲从头到尾持续的过程中，总有一些重复的乐

句、乐段——或者完全相同，或者略有变化。作者通过这些重复而取得整首乐曲的统一性。……在舒伯特的'鳟鱼'五重奏中，我们可以听到持续惯串（原文）全曲的、极其朴素明朗的'鳟鱼'主题和它层出不穷的变奏。但是这些变奏又'万变不离其宗'——主题。水波涓涓的伴奏也不断地重复着，使你形象地看到几条鳟鱼在这片伴奏的'水'里悠然自得地游来游去嬉戏，从而使你'知鱼之乐'焉。"

[60] 童寯. 外中分割 [J]. 建筑师, 1979（1）: 145–149.

[61] 《校闻: 测量待课》,《清华周刊》, 第 50 期, 1915 年 10 月 13 日, 6 页;"校闻: 测量进行",《清华周刊》, 第 52 期, 1915 年 10 月 26 日, 17–18 页。

[62] 《校闻: 高四演讲》,《清华周刊》, 第 67 期, 1916 年 3 月 8 日, 16 页。

[63] 赖德霖. 折衷背后的理念——杨廷宝建筑的比例问题研究 [J]. 艺术史研究, 2002, 4: 445–464; 赖德霖, 伍江, 徐苏斌主编. 中国近代建筑史·第 3 卷 [M]. 北京: 中国建筑工业出版社, 2016: 468–481.

[64] 清华大学校史研究室编. 清华大学一百年 [M]. 北京: 清华大学出版社, 2011: 11.

[65] 张光圻. 欧洲各国小学体育之注重（连载）[J]. 清华月刊, 1915, 1（1）: 23–25.

[66] 同 [63]: 19.

[67] 《清华周刊》, 第 280 期, 1923 年 5 月 4 日, 30 页。

[68] 市府同人网球赛王华彬获单打锦标 [N]. 时事新报, 1936-8-7, 第二张第四版.

[69]《清华周刊（本校十周年纪念号）》，1921年4月28日，"体育"9页。

[70] 除体育外，董大酉在学生时代还爱好手工，是年级中"最著者"之一。见："美术"，《辛酉镜》，1917年6月15日，美术—2。

[71] 椿. 菲城同学新闻 [J]. 清华周刊，1925（339）：39.

[72]《清华年报》，第9卷，1926年，113页。

[73] 1923年4月29日为清华学校建校12周年校庆。据"庆祝十二周年志盛"（《清华周刊》，第280期，1923年5月4日，25页），"在京同学会会员大都归来，而天津旧同学关颂声等竟驾汽车直驶至清华，车后大书：From Tientsin to Tsing Hua——Class of 1913，尤见精神。"

[74] 马约翰. 体育的迁移价值 [A]// 清华大学《马约翰纪念文集》编辑组编. 马约翰纪念文集. 北京：中国文史出版社，1998：44-95.

[75] 包括"公平竞争"，如梁思成不以系主任之权录取仅差两分的儿子进建筑系。

[76] 林洙. 梁思成、林徽因与我 [M]. 北京：中国青年出版社，2011：35.

[77] "北平公共体育场场图大部已决定，将另绘详细解部图呈宋（哲元）核办，杨廷宝昨赴京晤关颂声详商"，（北京）《京报》，1936年10月28日，第7版。

[78] 华北运动会全场图样，第二次会议决由关颂声另绘详图 [N]. 益世报，1933-12-27：第2版。

[79] 参见：赵怀英. 基督教青年会的起源与北美协会的"世界服务" [J]. 美国研究，2010（2）：95-113；彭长歆. 介入都市——基督教青年会在近代中国的建造 [J]. 新建筑，2017（6）：11-18.

伍希侣（1911年回国）

图片来源:《工程季刊》,第3卷第2期,1934年3月,6页。

伍希侣（Wu, H. L., 1882—1934），广州河南安海乡伍氏家族，其先祖浩官曾任清末广州十三行行商。（广州）岭南学堂毕业，游美学务处津贴留美自费学生。俄亥俄州北方大学（Ohio Northern Univ.），伊利诺伊大学（Univ. of Illinois）土木工程专业毕业。1911年回国，加入程天斗领导的广东军政府工务部，曾任广东民政司土木科总工程师、广东省长公署技正、川汉铁路工程司，广州市工务局技正兼设计课长，广韶铁路工务处长等职，负责制订广州早期道路规划。1912 年 11 月广州大火后，提出现代马路的建设计划，其中包括永安大道、长堤大马路以及大沙头计划等。中国工程学会特许会员。1915 年加入川汉铁路项目组，1918 年加入广州市政公所；广州市政厅成立后，任工务局技正兼设计科科长。成为广州市政规划和市政技术的主要制订者之一，将新式马路的建设与骑楼规则结合，填西濠筑马路形成太平南路（今人民南路）。1926.11.18—任（广州）中华土木工程师学会第一届监委主席。1934 年病故。

附：林逸民，"悼伍希吕（原文）先生"《工程季刊》，第 3 卷第 2 期，1934 年 3 月，6 页。

余于民十二之春，长广州市工务局。检讨以往工作，多出伍希吕先生之手。凡所规划，辄中肯綮（綮），心仪其人，询诸侪辈，复金称其贤。时伍君已因事去职，乃央其复长设计课，并兼局中技正。此余识伍君之始也。计前后共事凡五稔。其服务之忠，任事之勇，历久而不渝。伍君素寡言笑，惟关于局务之进行，常口析利害过万言，条缕毕举。

固知其素所蓄积者至深，其所以谋工务之进展者至勤且劬也。余去职后，漫游海上，虽与伍君形迹稍间，惟恒念来日方长，后此共同致力，谋有以贡献于工程界者，会将有日。不图君竟缨沉疾，客夏遽捐馆舍。荣华欲茂，严霜摧之，不其惜欤。溯君讳嘉齐，为南海望族，少习古文辞，长即肄业于岭南学校，继赴美习土木工程科于敖夏敖大学。学成回国后，迭任广东民政司土木课总工程司，广东省长公署技正，川汉铁路工程司，广州市工务局技正兼设计课长，广韶铁路工务处长等职，均能展其所学，成绩斐然，而尤以筑广州西濠一事，洞悉利害，力排众议，卒令西濠道路（即太平南路）繁荣为棉市冠，为足称道。其才智之过人，亦即此可以略见。君春秋甫逾知命，赍志以没。土木工程师同人，无论识君与否，皆深致其惋惜之忱。以余知君特深，嘱为文以志悼。自维德薄，未足以传先生，第与君夙有相知之雅，何敢固辞？抑土木工程之学，输入我国特晚，迄今虽习者渐众，顾学识经验，两者未能偏废。求有如先生之才识者，岂易多觏？乃天不假以年，使得尽抒其才抱，则余之所以轸悼先生者，又宁特为个人之私而已乎！君夫人先君十载而卒，鸾胶未续。有丈夫子五，曰丕尧、丕舜、丕禹、丕文、丕武，女二，曰佩荣、佩琼。皆聪颖岐嶷，将必有以继君志。君亦可以瞑目矣。

2

卓康成（1907）

H. S. Chuck (Cho Kang-cheng)
卓康成

图片来源：*Who' Who in China*（5th ed., Shanghai：The China Weekly Review, 1936：54）

卓康成（Chuck, H. S., 1883—?），广东香山人（今中山）。游美学务处津贴留美自费学生。12 岁赴美国檀香山，先后入当地 St. Louis College 和 Oahu College，并于 1906 年从后者毕业。1907 年赴美，1911 年毕业于斯坦福大学（Stanford U.）土木工程系，1912 年获康奈尔大学（Corn. U.）土木工程系硕士学位。1912 年回国，1913—1914 年任上海濬浦局副工程师，1914—1915 年任宜昌川汉铁路帮工程师，1915年任湖北大冶铁矿扩充部长。中国工程师学会会员。合办（上海、汉口）隆昌工程公司。株钦铁路副工程司兼测量队队长（1917），1918—1921年组办汉口太平洋贸易公司，自任总经理和总工程师，1922—1925年任汉口卓康成工程公司总经理和总工程师、湖北华洋义赈会总工程师、汉口第二特区管理局建筑师（1926），韶赣国道总工程师（1927），广东全省公路处处长（1929），1929年任粤汉铁路株韶段工程局局长兼总工程师，1931年与孙科等筹建私立中山纪念中学（现广东省中山市中山纪念中学），立法院专员（1934）。1934年3月广州市工务局技师登记，广州德士古火油公司司理（1937）。作品有广州西堤广东邮政管理局扩建（1935，未实施）等，著述有《工程师留学归国后之困难》(《中华实业界》, 5期, 1914年, 1-5页),《兴筑韶赣国道计划意见书》(《中国工程学会会刊》, 3卷3期, 1928年, 225页）等。

附：胡光麃,《初回国门面临的津沪社会》,《两京中央政府时期中华民国都市市情与市政》,《析世鉴》
http://blog.boxun.com/hero/201102/xsj9/1_1.shtml

（1920 年）我回国后即就业于设在上海的"允元实业公司"，是麻省理工和哈佛的同学们组织的。当时在津沪一带这种专营工程设计的公司并不多。除允元公司外，只有关颂声、杨宽麟、朱彬在天津办的"基泰工程公司"，在上海和汉口还有家"隆昌工程公司"，是由萨福均、颜连庆、邓益光、卓康成、伍泮灼等合营的。

彭 回（1911年毕业）

廣州市衛生局局長
彭　回　君

彭回（Henry Panhoe，？—1932），广东香山人。游美学务处津贴留美自费学生，1911年(美)波莫纳学院(Pomona College)工程科毕业；伊利诺伊大学土木工程系毕业。1926.11.18—（广州）中华土木工程师学会第一届执行委员，广州市工务局局长、卫生局局长（1923）。1929年任铁道部建设司技正、养路科科长，昌韶路线测量总队工程师、京粤铁路南段自广州至延平线测量队总工程司。1930年任湘粤铁路管理局工务处处长。1932年病故。

附：梁根、梁榕芬，《开辟黄埔商埠缘起》，《黄埔文史》，第 4 辑，1988 年 10 月，1-7 页。

在筹建黄埔商埠期间，中华各界开辟黄埔商埠促进会负起促进黄埔商埠建设责任，广泛征求各界民众对开埠计划的意见，经数月的努力，先后征得柯维廉、余怀德、雷官镛、彭回、徐永祺等各专家及工程技术人员的开埠计划和意见，并公布于众，充分接纳民众意见，组建黄埔商埠股份有限公司执行委员会，进行招股。……彭回技士也主张在沙路开埠，他作了一个开埠计划，经费预算 2782 万元。此外，彭技士又作了一个在鱼珠开辟鱼珠外港计划，经费预算 2719 万元。……1927 年 4 月，彭回技士又提出在虎门大虎开辟商埠计划，工程分四年完成，经费预算 7423 万元。

4

庄俊（1910）

庄俊，约 1923 年
图片来源：《寰球中国学生会年鉴》，第 2 期，1923 年，29 页。

庄俊（字达卿，Chuang, Tsin, 1888.6.6—1990.4.22），浙江宁波人，生于上海。游美学务处官费留美（1910.9），伊利诺伊大学（U.Ill）建筑工程系学士（1910—1914）。留学期间曾任伊利诺伊中国学生会副会长、美国中国学生联合会工程委员会主席、伊利诺伊大学总工程处绘图员（1912 年夏）、（Urbana）Architect J. W. Royers's Office 设计员（1913 年夏）。1914—1923 年回国任清华学校驻校建筑师，协助美国茂旦洋行（Murphy & Dana, Architects）规划设计清华学校校舍，因此获五等嘉禾章（1921），并讲授测量课。外交部顾问建筑师，负责外交部建造新公署及天津抚轮公学等工程（1915—1917）。中国工程师学会董事（1920—1921）、清华游美学生顾问（1923）。1923—1924赴美哥伦比亚大学（Columbia U.）进修建筑，并率清华学校学生100人赴美。1925年回国创办（上海）庄俊建筑师事务所。1927年10月与清华校友张光圻、吕彦直、巫振英等发起组织中国建筑师学会并任多届会长及董事。任中国科学社永久社员（1928）、中山陵园设计委员（1931）、中国工程师学会正会员（土木，1934，1937）、中国营造学社社员（1935—1937）、中国建筑展览会常务委员（1936）、上海清华大学同学会会长（1941）及大同大学工学院房屋结构、城市计划教授（1949）。1949—1953年任中国建筑公司建筑工程部设计总局总工程师。不久因病返沪，转入华东工业建筑设计院（现华东建筑设计研究院）任总工程师（1954.1—1958.9）。曾任中国建筑学会第一（1953.10）、第二（1957.2）届理事。作品有天津裕大纱厂、扶轮公学，唐山交通大学校舍。专任设计督造银行建筑，包括（上海、汉口）金城银行、大陆银行，（济南、苏州、哈尔滨、大连、青岛、徐州）交通银行，（苏州）中南银行，（上海）中南银行、四行储蓄会虹口分行上海财政部部库、光复路造币厂中央银行工厂，盐业银行南京支行新街口行屋等，以及（上海）大陆商场、交通大学总办公厅、虹口公寓、古柏公寓、大西路产妇医院、科学院理化研究所，南京中央研究院气象研究所等工程。编著《英汉建筑工程名词》（主编，北京：科学出版社，1958 年初版）等。

附:《学生评价》,《大同大学工学院土木工程系毕业年刊》, 1949 年级编印会出版

"看上去他好象 [像] Typical Scotland Country Esquire, 事实上他是 First Architect of China, 常常提到的是 I dare say, 对于他的教授法表示: Just as to listen an endless but periodical long story"。

庄俊，约 1914 年
图片来源: University of Illinois Archives,
https://archon.library.illinois.edu/?p=
digitallibrary/digitalcontent&id=8647

庄俊，上海金城银行（监造工程师：薛次莘），1927年
图片来源：《中国建筑》，第1卷第4期，1933年10月，4页。

5

陆鸿棠（1911）

陆鸿棠（字傅元，Low，Hung-tang，1899—? ），江苏上海人。清华学校考选留美（1911），密歇根大学建筑工程系毕业（1915）、结构工程学士（1916）。1913—1914 年在 Sherman W. Pipp's Office 工作。1916 年回国，1926 年时任职（上海）Arnhold and Co., Ltd.。

罗邦杰（1911）

图片来源：《毕业同学 Alumni：罗邦杰 1911 年》，《清华年报》，第 9 卷，1926 年，133 页。

罗邦杰（Loo, Pang Chieh, 1892.2—1980），广东大埔人。清华学校毕业（1911），密歇根大学，明尼苏达大学（Minnesota U.）冶金工程系学士（1916），麻省理工学院（M.I.T.）建筑工程系硕士（1918），曾在美国钢铁公司实习（1918）。回国任教清华，教授数学课的画法几何、三角，以及机械技艺课的器械画和机械技艺（1926）。1928—1930 年任清华大学土木工程系教授、技术部主任、工务委

數學 MATHEMATICS

鄭之蕃　　　　羅邦傑　　　　海晏氏

機械技藝
MECHANICAL OPERATIONS

潘文煥　　　羅邦傑

罗邦杰任教清华，教授画法几何（Descriptive Geometry）、三角（Trigonometry）、器械画（Mechanical Drawing）和机械技艺（Mechanical Operations）
图片来源:《清华年报》，第9卷，1926年，44页。

员会副主席，计划该校煤气厂工程、成志小学校舍，监造图书馆、宿舍、生物馆及气象台等建筑。先后担任（天津）北洋大学土木工程系教授（1929）、（上海）交通大学讲师（1931）、（上海）大陆银行建筑科建筑师。经清华校友赵深、庄俊介绍加入中国建筑师学会（1930），自办罗邦杰建筑师事务所（1935），合办（上海）开成建筑师事务所。（上海）私立沪江大学商学院建筑系教授（1935）、（私立）之江文理学院建筑工程系讲师，教授建筑构造及施工图（1939.8—1945，兼职）、（私立）之江大学建筑工程系教授（1949.8—1952，兼职）。1952年9月任同济大学建筑系建筑构造教研室主任（后调出，改由黄家骅任）。1952.9—1956.9华东工业建筑设计院（现华东建筑设计研究院）建筑工程部建筑科学研究员总工程师、高级工程师。中国建筑学会第二（1957.2）、第三（1961.12）、第四（1966.3）届常务理事。作品有南京邮政储金汇业局（与林澍民合作）、（青岛、南京、济南）大陆银行，（上海）市中心区国立音乐专科学校校舍（与吴景祥合作）、土特产展览会工业馆、纺织学院（现东华大学）校舍、邮函局职员宿舍、山阴路大陆新村、留青小筑、梁锦洪公寓等住屋、公寓及住宅，石家庄和乌鲁木齐纺织厂厂房等。著有《赴清华学堂读书的回忆》一文[《（北京）清华校友通讯》，复2期，1980.10]。

7

杨宽麟
（1912）

Q. L. YOUNG, *Michigan*
Chairman

图片来源：*The Chinese Students'
Monthly*, vol. 10, 1914—1915.

杨宽麟（Young, Qualing, 1891—1971），江苏青浦人
（今属上海）。姨夫为（上海）私立圣约翰大学校长卜舫
济（Francis Lister Hawks Pott），本人为约大土木工程系
学士（1902—1909），清华学校津贴生，密歇根大学（U.
of Michigan）土木工程（铁路工程）系学士（1912.9—
1915）、硕士（1916）。留美期间曾任中国留美同学会中西
部分会主席（1914—1915），特勒司康钢铁公司见习工程司，

密歇根及纽约铁路公司分段副工程师（1915）、俄亥俄钢铁厂工程师（1916—1917）。1917年6月回国，任上海、汉口、北京、天津茂生洋行建筑部工程师（1917—1921），（天津）北洋大学土木工程系教员。1928年入清华校友关颂声、朱彬、杨廷宝的基泰工程司，成为第四合伙人及总结构师，1932年和朱彬一起负责基泰上海所，并与清华校友江元仁合办（天津、上海）华启建筑师（华启顾问工程师）事务所。任启新洋灰公司工程顾问，圣约翰大学教授、工学院院长（1940—1950）。北京市建筑设计院、北京市城市规划管理局结构总工程师，民航局民用设计室技术顾问。中国建筑学会第一（1953.10）、第二（1957.2）届理事，中国土木工程学会第三届理事会（1962）常务理事、副理事长。结构设计作品有（北京）通县发电厂、电车公司车库、司法部大楼，（天津）中原公司（与朱彬合作）、永利化工厂厂房，（沈阳）火车站、东北大学校舍（与杨廷宝合作），（上海）美琪影院、大新公司（结构）、龙华水泥厂、南阳兄弟烟草公司，（无锡）申新纱厂、丝长、面粉厂，（南京）永利化工厂、江南水泥厂、江阴江防工程，黄石华中水泥厂，1949年后结构作品有北京和平宾馆、新侨饭店、王府井百货大楼结构设计，指导修建了北京南郊冷库、西郊冷库、天津大王庄冷库、北京民族饭店、军事博物馆和工人体育场等。

8

关颂声（1913）

关颂声（字校声，号肇声，Kwan, Sung-sing, 1892.8.29—1960.11.27），广东番禺人，生于香港。清华学校津贴留美自费生（1913），在校期间曾代表中国参加马尼拉远东运动会，获足球与田径银牌两面（1913）。波士顿大学土木工程系（1914），麻省理工学院建筑系学士（1918），哈佛大学市政研究院肄业（1919）。坚尼工程师事务所实习，得斯彼得克曼工程师事务所实习，克兰姆工

程师事务所实习，麻省古力司工程事务所见习工程师。留学期间获留美中国同学会田径比赛冠军（1916），任麻省理工中国（学生）足球队（Chinese Soccer Team）队长（1919）、棒球队队长、田径队队员（1918）。1919年回国，任天津警察厅工程顾问、津浦路考工科技正、内务部土木司技正、北宁路常年建筑工程师，还曾助理监造北平协和医院工程。1920年在天津创办基泰工程司，多位清华校友加入基泰，其中朱彬、杨廷宝、杨宽麟、关颂坚成为主要合伙人。开办基泰辽宁所（1927）、上海南京所（1928），1927—1928年在美国洛杉矶监造世界博览会中国馆，1928—1938年参加全国大学工学院分系科目表的起草和审查，任（南京）首都建设委员会工程组委员。1929年6月任华北运动会总裁判长，华北体育联合会副会长（1929）。1930年6月经刘敦桢、卢树森介绍加入中国建筑师学会，1930—？任中国工程学会正会员（建筑）。1931年日伪谋胁欲使关出任伪满洲国工程部部长，关不为所动，遭禁锢，被洪门营救至沪。1933年任（南京）第五届全国运动会大会发令员。（天津）中原有限公司监察人（1934）。1935—1937年任中国营造学社理事会理事、社员，1936年任中国建筑展览会征集组主任，中国建筑师学会常务理事、基金委员会主任（1946.10.5，上海）。

先后开办基泰北平所（1935）、重庆成都昆明所（1938）、桂林所（1940）、广州所（1948）、香港台湾所（1949）。1949年8月16日与郑定邦、张德霖等发起筹备台湾建筑学会，并任理事长（1959.8—？），1960年7月任台湾工业中心董事长、台湾手工业推广中心董事长，获颁政府嘉奖令。作品有（天津）大陆银行、永利化学工业公司大楼、中国实业银行、张锐住宅、华北运动场、南市广和大戏院、（北京）清华大学新斋（六院）、平斋（七院）、普吉院（新新南院，与关颂坚合作）、先农坛体育场（与杨廷宝合作），（贵阳）鸡扒坎国立贵阳医学院教室、教职员宿舍、大食堂。1949—1960年主持基泰台湾所，事务所主要作品有联合大楼、中山妇科医院增建、基隆制冰厂、美军高级顾问宿舍、国际学舍、安息会医院、南海路农业复兴大楼、台北市立综合体育场、台南电信局等。著述有《中国建筑展览会中国古代建筑模型制造的意义和经过》一文（上海通社编.旧上海史料汇编（下册）[M].北京：北京图书馆出版社，1998：474–476）。

注：关父景贤（国华）为北洋西医学校第一届毕业生，历充水师医院副院长、院长，光绪帝御医；原配李凤麟（1894—1947）为宋美龄在（美）威尔斯里女子学院同班同学。承关颂声先生之子关俊伍先生提供宝贵材料，谨表谢忱！

附1:《罚了她们要哭的,关颂声担心原来因此》,《时事新报》,1933 年 10 月 16 日,第一张第四版。

提起关颂声先生,体育界谁也知道他是经验宏富的老前辈,是兼精体育的著名工程师,大会的建筑图样,即出之于此君手笔。此次担任大会的发令员。真奇怪,关先生的果敢精神端的不及从前了,老是担心着有何差池似的,那么小心翼翼着。他的嗓子是多么够宏亮,瞧呀,在他"各就位,预——备"紧接着枪声之下,一般健儿,起步出发,这个使命,的确重要,关先生负着这重要的肩任,无怪要担心了。关先生也许是体惜健儿吧,有时枪声甫起,健儿们早已先出了几步的固然召回而重起的,不能说没有,但是索性让他或她,一直就去的,却更多更多。但是在这种情形之下,不幸而被取消资格的,除第三日青岛的唐其贞在百米复赛时为唯一的罚山者外,简直没有第二个。关先生的心,应该算个很宽舒的了。可是在十三日最后一项万米决赛前,关先生才在司令台上吐了口气说:"现在好了,重任已完……"有位凑趣的朋友说:"关先生没有以前那样严厉了,哈哈……",关先生很迅速地回答:"实在困难,尤其是女子们,罚了她们要哭,怎么办……"噢! 关先生的担心,原来如此!

附2：政府褒扬令（1961 年 5 月 15 日）

关颂声，早年留学美国，专攻建筑工程，学成归国，服务社会，贡献颇多。九一八事变后，身受敌伪胁迫，忠义不屈，志节嚼然。抗战期间，从事国防工程，筹划驰驱，不避艰险。比年对海外侨胞之联系，与手工业之推广，悉力以图，咸

关颂声（正中坐者）担任麻省理工中国（学生）足球队（Chinese Soccer Team）队长（1919）

图片来源：Emma Teng and York Lo.SUNG SING KWAN 关颂声 ARCHITECT AND ATHLETE[EB].CHINA COMES TO MIT：MIT's First Chinese Students/ 早期中国留学生：1877—1931, http：//chinacomestomit.org/sungsing-kwan.

收绩效，乃更热心体育，培植人才，选拔所得，于国有光。综其生平，劳而不矜，为而不有。信于国父人生以服务为目的之遗训，笃行不倦。兹闻溘逝，惜悼良深。应予明令褒扬，以旌卓行。此令。

1918 RELAY TEAM

Van Kirk　Fisher　Flett, *Mgr.*　Avery　Russert　MacArdle
Collier　Mead　Justheim　Lorenz, *Capt.*　Read　Kwan
McFarland　Merrick　Ford

关颂声（二排右1）与麻省理工学院（MIT）接力队队员合影（1918）
图片来源：Emma Teng and York Lo.SUNG SING KWAN 关颂声 ARCHITECT AND ATHLETE[EB].CHINA COMES TO MIT：MIT's First Chinese Students/ 早期中国留学生：1877—1931, http：//chinacomestomit.org/ sungsing-kwan.

1933 年 10 月 10—20 日，
在南京中央体育场举办第五
届全国运动会，关颂声担任
大会发令员
图片来源：《全国运动会专
刊》，1933 年，21 页。

有"田径之父"的关颂声为
第十届省运会发出第一枪，
1955 年
图片来源：苏嘉祥，吕美
娟.台湾区运会的回顾（二）
[EB].台湾长跑竞技网.
https：//sites.google.
com/a/taiwanathletics.
com/milestrials/article/
presscutting/sheng-yun-
hui-qu-yun-hui-hui-gu-
zhuan-ji/tai-wan-qu-
yun-hui-de-hui-gu-er.

9

吕彦直（1913）

吕彦直（字仲宜、古愚，Lu，Yen-Chih，1894.7.28—1929.3.18），山东东平人（亦称安徽滁县人），生于天津。1902 年丧父，翌年随姊侨居巴黎，数年后回国，入北京五城学堂，受教于林纾。清华学校毕业（1911—1913），康奈尔大学（Cornell U.）建筑系建筑学学士（1914—1918.12.20），1914 年任中国科学社创始会员，大学毕业后，经建筑教授埃弗里特·米克思（Everett Meeks）推荐入（纽约、上

海）Murphy & Dana, Murphy, McGill & Hamlin 事务所
（1918—1922.3），协助设计南京金陵女子大学。1921 年回
国，1921 年 3 月起合办（上海）东南建筑公司（合作人：
过养默、黄锡霖），设计上海香港路 59 号上海银行公会大楼。
1922 年 3 月起脱离 Murphy，开办（上海）真裕公司（合
作人：黄檀甫）。1925 年 9 月获南京中山陵设计竞赛首奖，
开办（上海）彦记建筑事务所，1926 年 9 月获广州中山纪
念碑、纪念堂设计竞赛首奖，1927 年 6 月 27 日参加孙中山
先生葬事筹备委员会第 48 次会议。1927 年 10 月与清华校
友张光圻、庄俊、巫振英、范文照等发起组织中国建筑师学
会（初名上海建筑师学会），任副会长。1927 年 11 月 27 日
参加大学院艺术委员会第一次会议（会议决定筹设国立艺术
大学，其组织预定为国画院、西画院、图案院、雕塑院和建
筑院）。1928 年 5 月任大学院艺术教育委员会委员，1929 年
3 月获颁国民政府嘉奖令。作品有（上海）银行公会大楼，（南
京）中山陵，（广州）中山纪念堂、纪念碑。著述有《孙中
山先生陵墓建筑图案说明书》，《申报》，1925 年 9 月 23 日；
《广州孙中山先生纪念碑工程章程》；《规划首都都市区图案
大纲草案》，《首都建设》1 期，1929, 82—91 页；"Memorials
to Dr. Sun Yat-sen in Nanking and Conton," *The
China Weekly Review*, Oct. 10, 1928, pp. 70—72 等。

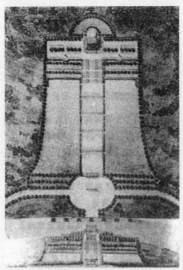

吕彦直，南京中山陵
（1925—1929）
对页图．祭堂立面图
图片来源：*The China Weekly
Review*, Oct. 3, 1925：113.
上图．总平面图
图片来源：孙中山先生葬事
筹备处编．孙中山先生陵墓
图案 [M]．上海：孙中山先生
葬事筹备处，1925.
下图．祭堂透视图
图片来源：*The China Weekly
Review*, Oct. 10, 1928：69.

吕彦直，广州中山纪念堂，1926—1931 年 10 月
图片来源：《中国建筑》，第 1 卷第 1 期，1933 年 7 月，7 页。

左图.吕彦直,广州中山纪念碑透视图,1926年
图片来源:*The China Weekly Review*,Oct. 10, 1928:68.
右图.吕彦直作"汉张衡候风地动仪"图
图片来源:《科学》,第3卷第9期,1917年9月,1页。

附1：《国民政府褒扬令》,《国民政府公报》, 第十四集, 第一八九期, 1929 年 6 月。

总理葬事筹备处建筑师吕彦直, 学事优良, 勇于任事。此次筹总理陵墓, 计划图样, 昕夕勤劳, 适届工程甫竣之时, 遽尔病逝。眷念劳勋, 惋惜殊深, 应予褒扬, 并给营葬费二千元, 以示优遇。此令

中华民国十八年六月十一日

附2：参：《故吕彦直建筑师小传》，《时事新报》，1930年12月5日。

吕君彦直，字仲宜，别字古愚，鲁之东平人，先世居处未详，逊清末叶，曾与滁州吕氏通谱，故亦称皖之滁人，生于津沽，髫龄遭父丧，九岁从姊之法，居巴黎数载。时孙慕韩先生亦客次法京，君戏窃画其像，须眉毕肖，栩然若生。观马戏，归辄为狮豹虎象之属写生，亦莫不生动像真。艺术高才，得天独厚。归国后，尝从教于林琴南先生，国学文采，斐然称侪辈冠。民二毕业于清华大学，得官费入美之康纳尔大学，初习电政，因性非素近，始改习建筑学。卒业后，助美国茂飞建筑师，完成南京金陵女子大学校屋之设计，民十归来，在沪与过养默、黄锡霖两君合组东南建筑公司，上海银行公会等亦君所计划者。嗣与黄檀甫设立真裕公司，旋改彦记建筑事务所，获孙总理陵墓及广州纪念堂、纪念碑等设计首奖。盖此等伟大创作之成功，俱以西洋物质文明，而发扬我国固有文艺之真精神者。君一生无他好，惟劬学不倦。卒以勤劳成疾，于十八年三月十八日，癌生肝肠，溘然与世长逝，存年仅三十又六。其间困于药石者凡四年。呜呼，吕君之死，岂仅我国艺术界失此异材而已哉。[编者注：孙慕韩即光绪二十八年至三十二年（1902—1906）任驻法钦差大臣的孙宝琦。]

From left to right, Top Row—K. C. Tsang, H. E. Wong, S. Hsieh, C. C.
    Y. H. Ho, P. K. Long.
Second Row—S. C. Yeung, C. Ping, S. Hu, C. Ku, P. H. Chen, C. T. Cl
Third Row—S. O. Au, W. T. Liao, Y. C. Yang, Y. S. Djang, C. W. Chu
Fourth Row—C. Wong, C. L. Chien S. Shing, J. Chow, T. New, C. H. E
Bottom Row—W. Ming, S. I. Szto, W. Y. Chiu, F. S. Lu, S. E. Shen, M
Absent—Miss S. C. Wong, Y. T. Char, C. Y. Liung.

Cornell Chin

康奈尔大学中国同学会合影（1914）
前排：左3裘维裕（W. Y. Chiu），左5沈溯明（S. E. Shen），右2过探先（T.
S. Kuo）；
二排：左4周仁（J. Chow），右1唐有恒（？）（Y. Tang）；
三排：左4章元善（Y. S. Djang），左5虞振镛（T. New），左6黄振华（C.
H. Huang），右4赵元任（Y. R. Chao），右3邹秉文（P. W. Tsou），右2
吕彦直（Y. Lu），右1胡宪生（S. S. Hu）；

V. Y. Cho, S. Z. Yang, C. T. Huang, C. K. Cheung, M. K. Tang, C. Yang,

. S. Chen, H. C. Zen, W. W. Lau, M. T. Hu, Y. Sun.

Ting, H. S. Lee, Y. R. Chao, P. W. Tsou, Y. Lu, S. S. Hu.

Y. Lo, Y. L. Yen, C. Liu, Y. T Kwok, Y. Tang.

. Sze, Mrs. Y. L. Yeh, Y. L. Yeh, K. C. Lau, T. S. Kuo, K. L. Yen.

Students' Club

四排：左1杨锡宗（S. C. Yeung），左2秉志（C. Ping），左3胡适（S. Hu），左5陈伯浩（P. H. Chen），右4任鸿隽（H. C, Zen），右3刘寰伟（W. W. Lau），右2胡明复（M. T. Hu），右1孙元方（？）（Y. Sun）；
五排：右7杨孝述（S. Z. Yang），右6黄金涛（C. T. Huang），右3杨铨（杏佛，C. Yang）
图片来源：*The Chinese Students' Monthly*，vol. 10，1914—1915.

佚文1：吕彦直（译），《海底水雷》，《科学》，第1卷第4期，1915年4月，413–416页。

海底水雷

吕彦直（译）

水雷之用，始于北美独立之战，时有布什内尔（Bushnell）者，方肄业耶尔大学（Yale University）。尝制"布什内尔龟"（Bushnell's Turtle）为水雷之初步，亦世界之第一潜水艇。布氏志在制一盛炸药之器，以放之敌舰之下。潜水艇即以按置此器为用。据当时之记述，其全器形如圆蚶，可容一人坐其中。其升降以水之出入司之。有精备之机械以司其行驶。驶者以足踏踏板，则艇外之明轮即起转动。艇外有器如大桶，其中满盛火药，附以信子，通于艇中。当发之时，驶者纵信子，急退以保其肤肉，然后静俟其爆裂。布氏试验多次，终于夜中袭击英舰"伊古"（Eagle）号。水雷爆发，适如所料，惟以计算之误，未中英舰而出其旁。英人虽得幸免，然已惊惧异常，盖非梦想所可及也。此其在当时，犹"策伯林"（Zeppelin）飞船之在今日，然策伯林者，人犹知之，鱼雷则非所料也。其后布氏以鱼雷艇一小队袭英舰队于斐拉待尔费亚（Philadelphia）。英舰即时退避，炮火齐出，鱼雷艇以毁。此有史以来以浮行鱼雷作战之始也。

布氏之器虽未尝坏一英舰，而英人已大为震惊，斥为无人道之战具，其后富耳顿（Fulton）取布氏之器，至法国试验多次轰毁废船数只。法政府拒而不用。富乃至英亦遭冷眼。富氏既不得志于水电，遂回美专心从事于汽船焉。后四十年中，复有美人研究鱼雷，其制愈精。柯尔特（Colt）发明以电轰发固着海中之水雷。今日海防之法，实由此始，其用在南北美战争（The American Civil War）为最著。时南方同盟诸州无海军，北方合众政府之兵舰常上下南方之大河中，为患滋甚。南人乃以麦酒桶盛火药，置之河中，其效颇著，坏北舰甚多。此事大引欧洲各国注意，皆争相仿制水鱼【雷】。由是鱼雷以南北战争而成为正当防守之利器。德国当普法战争时，以海军孱弱而利用水雷以防其海岸。然水雷之成效虽已如此，而欧洲各国犹不以为事。其时旋炮塔铁舰，自动鱼雷等，皆已发明，陆地防御，亦日臻完善，故各国遂置水雷于脑后。当西美之战，美人豆叶（Dewey）即料知马尼拉海湾中之必无水雷。可见其不为世所轻重也。

迨至日俄之战，水雷之用一新，而海军界之论调亦一变。向者水雷为防守之重要器具，其用止于保卫军港及沿海险要地点等。海军家所制水雷，种类虽多，而其为用则一。通常以多数水雷散置水中，使去海底远近各异，用电流通之岸上之密站。司者于此或按其钮，或转其轮，则可任意发雷。如此军港中遍设水雷，而以能者司之，则敌舰一过，无能免者。当时世界列强皆已以水雷之用，不过止此。乃日俄两国忽一变而用为攻取之具。是役既终，海底水雷乃一跃而与战斗舰，巡洋舰，白头鱼雷（Whitehead torpedo）及灭鱼雷艇同列为攻击之器。遂去港湾而出现于大海之中。黄海之底，日俄战舰二十四艘，皆为此水雷所击沉者也。一九零三年，英海军乃决废弃以水雷防守海港之法。盖因日俄战役之结果，而一变其方针也。

日人之用鱼雷艇及浮电也，几歼俄国在远东之海军。俄之舰队一遇此种战具，即失其战斗之力，而坐以待毙，计日本水雷所毁俄舰共十四艘，其中有战斗力最大者为数不少云。

虽然，此非日人独擅之能也。俄人业已踵效其法，及至战终则俄舰以此沉没者十四艘，而日舰为俄所沉者亦多至十艘，以当时两军之小观之，则为数已足惊矣。

德之海军家于此战深事观察，及决定大海中之浮雷为进攻不可少之具。北海者，最便设置水雷之地也。其水至浅，平均百二十尺。絷锚之水雷，随处可设。然德人不以此为足，将欲以此破坏之战具，设之大海之中，以阻扰英国之商业，而英之海军亦已设法以静扫除此类水雷，以为抵制。

非特此也，德人已预定以此施之战事。设有海战，则其海军之首着即在从事散置水雷于大海之中，以当敌舰之来路。尝屡大操以习之。其法以战舰拖小船，此船专以安置水雷为用。当德舰向敌进行之时，水雷即由小船中安置水中，及至去敌愈近，则其大队故略转其向。如此则水雷所在，应当敌舰之路，苟不为所毁，则必移其进向。由是而阵法常因以乱。德人又尝以木制水雷与真电并用，欲以感敌。惟此在明眼之观察者视之，实为非计。盖浮雷在战圈以内，乃两方战舰往来所必经。其能中已舰，正无异其中敌舰。然据德人所言，则自谓预防周到，不能遭此不测云。

佚文 2：吕彦直，《爱迭生年谱》，《科学》，第 1 卷第 11 期，1915 年 11 月，1332–1336 页。

爱迭生年谱

吕彦直

爱氏传已见本报第五六两期，其人之丰功伟业，天资赋性，俱详传中。第爱氏之业与年俱增，其盛绩美谈，传所不及者尚多，兹取《美利坚杂志》中爱迭生年谱移译之以辅前传。谱虽以年为经，以事为纬，然氏之事业往往互有出入，未易强定某事成于何年，故有时书由某年至某年作某某事云。

1847 年　二月十一日生于欧海欧州之迈兰城（Milan）。

1854 年　移家至密歇根州之休轮城（Huron Port）。

1857 年　始设化学实验室于其家之窖室中。

1859 年　售书报糖食于往来休轮第处累特铁道车中。

1862 年　于车上印刷发行星期周报，行动车上印刷之新闻纸此为第一。

　　　　出克来门斯山（Mount Clemens）站长马肯席之幼子于死，马感恩，授爱氏电报术。

　　　　设电线由休轮车站至村镇，而自操业于站中电报室。

1863 年　始于大干铁道之斯得喇弗得（Stratford）交支处（在坎拿大）为正式电报生。

1863—1868 年　于西美中部各州操电报业；几阅五年，时研究实验所用仪器，以求精进。

1868 年　入波士顿西方合众电报公司为电报生。继辞职，实验二重电报法，从事于私设电线业。

成电力投票机,于 1868 年十月十一日得专利权,是为其第一专利发明。

1869 年　由波士顿舟登纽约岸，时囊空债积，未几在金价电报公司办事处觅业，适所用机停，惟爱氏能复其旧，因得为该机管理，月俸三百金。

与陂泼（Eranklin L. Pope）共事为电机师，改良金价表，复为新发明多种，其中以通用金价表及和应器（unison device）为最著。

1870 年　得其第一次发明酬金四万元，设制造厂于纽瓦克城（Newark）。

1871 年　助打字机发明者熟尔斯（Sholes）制适用之模型。

1872—1876 年　从事多种发明，并完成之，其中有消减波动器；自动电报法（motograph）；二重，四重，六重，及多重各电报法；又制矿蜡纸，炭制节流箱（rheostat），微量测试计（microtasimeter）等等，四重法为电报业中最要之发明，用之节省电线费数十万金。

1876 年　自纽瓦克移至纽鸠席州之门洛园（Menlo Park，N. J.）所设实验室。

1876—1877 年　发明炭制电话传话器，电话始于商业上占一地位。

1877 年　发明记声机，禀请专利权于合众国专利局，二月而得之，不需荐证一人。

1878 年　上半年改良记声机。夏与天文团至外欧明省州罗林斯（Rawlins，Wyoming）于太阳全蚀时试验其微量测压计。及归始从事研究用电发光之问题。

1879 年　发明炽光电灯，是年十月二十一日完成之。是为近世之第一电灯，燃至四十小时有余。

由根本上改良发电机之制造法。所生电流，可传布之用以发生光热及发动力，发明传布节制及测量电流之法，又发明电灯槽、关闭器等。

十二月三十一日，于门洛园城中街市屋宇等处用地底电线试验电灯，以示公众。

1880 年　于电流生光生热及生力之法更施改良，以备行之于商业界。发明磁力析矿机。

1881 年　始设事务所于纽约城第五街六十五号，创办电灯事业。

始开炽光灯制造厂于纽鸠席之哈列生（Harrison, N. J.）。组设多种工厂以制发电机、地底导线、电灯槽、开闭器、装置件、量电表等物。

1880—1882 年　始发明电车铁道，设于门洛园，用以运货物及载乘客。

1882 年　九月四日纽约城第一商业总电站开机，以传布电流，用以发生光热及发动力。

1883 年　始设三线电灯总站于彭息尔维尼州之生勃列（Sanbury, Pa.）。

1880—1887 年　此数年间经营电光电热电力之业，发明之，开拓之，改良之，取得专利权证三百以上。其中多极关紧要者，如关于供电法及三线法是。

1887 年　移实验室至纽鸠席洲之橘城（Orange, N. J.），即今实验室。

1887—1890 年　改良今用筒式记声机。此四年中，关于记声机取得专利权证八十余，制售记声机及记声片亦成一极广之业。

1891 年　发明关于电铁道之事多种。

发明活影照相器。

1891—1900 年　此数年中爱氏经营分析铁矿之工程，发明甚多。其中有巨辘（Giant Rolls），用以碎大块矿石；及三层辘（Three-High Rolls），用以研细者。

1900—1910 年　发明爱氏碱质蓄电池（Edison Alkaline Storage Battery），并行之商业界。

1900—1909 年　此数年间，爱氏设坡得兰胶灰（Portland Cement）厂，发明关于制造胶灰之法甚多。其中如长窑（Long Kiln）者，关系斯业极大。

1902 年　改良爱氏单级蓄电池。

1903 年　关于记声机筒发明数事。

1905 年　创新式记言机（dictating machine），使录者可重听而改正之。

1907 年　始引用通用电动机（Universal Electric Motor），借灯用电流以供记言机。

世界仅有往复电流之地百分之九五，今皆得录言之用。

1910—1914 年　改良盘式记声机。用此器，无论歌声乐音皆能重出之，不失原韵，凡所有复音皆得记而复发之。金钢【刚】石发音针及永久记声片，皆极重要之发明，盖爱氏盘式记声机实开此业之新纪元焉。

1912 年　正式发行有声活影机（Kinematograph）。爱氏研究此器，为时已数年，1887 年即尝料及记声与活影之可合并以成一机也。

1909—1914 年　制记电话器（Telescribe），附于电话，用之可将双方会话记之记声机筒，以备他日引据，此器于 1914 年秋间成功发行。

1912—1914 年　制新式之录言机。于打字机键板上，以电使用之。

1914 年　爱氏为美国一人用加波立克酸（用以制记声片）最多者。向皆取给英德二国。欧战既兴，英德皆禁止此物之出口。爱氏之工厂几有停工之虞。爱氏乃思以化合之法制加波立克酸，于是急兴工厂，日夜二十四小时无时或息，兴工十八日后，即从事制酸，四星期内即能每日出酸一吨。十二月九日，爱氏西阿兰治之制造厂大火。翌晨，使人扫除余灰。日中，从事者加数百人，夜以继日，火后不三十六小时，而爱氏已令兴工恢复旧观。

10

缪恩钊

（1914）

图片来源：《毕业同学 Alumni：缪恩钊 1914 年》，《清华年报》，第 9 卷，1926 年，134 页。

缪恩钊（Miao，En-chao，1893—？），江苏武进（今常州）人。上海私立圣约翰大学毕业（1914），清华学校官费留美，麻省理工学院土木工程系学士（B.S.，1918），哈佛大学学士（B.S.，1919）。留学期间曾任 J. B. Ferguson & Company（监造 U. S. Government Camp Abraham Eustis，VA）绘图员、设计师、助理工程师。1919 年底回国，在上海从事进出口业务，任（上海）南洋大学教授。湖南高等职业学校（Hunan Technical College）土木科教授、主任，湖北国际赈灾委员会现场工程师，（汉口）纽约标准石油公司工程部工程师。1929年起任武昌武汉大学建筑工程处监造新校工程师，督造武汉大学新校舍（1931）。中国工程学会武汉分会会计委员、土木正会员（1930），中国工程师学会武汉分会正会员（土木，1934）、武汉分会会计（1937）。1942年任教武汉大学，教授建筑、水及卫生道路设计。作品有湖北省立图书馆（1934—1935，与沈中清合作）等。

乙卯级　Class of 1915

本校高等科今夏毕业学生

The Tsing Hua College, High School, Graduating Class.

清华高等科毕业生，1915年，后排右 2 穿深色高领马褂者似为巫振英
图片来源：《清华月刊》，第 1 卷第 1 期，1915 年，76 页。

11

巫振英（1915）

图片来源：《毕业同学 Alumni：巫振英 1915 年》，《清华年报》，第 9 卷，1926 年，134 页。

巫振英（字勉夫，Moo，Jenyin Y.，1893.6.22—？），广东龙川人，生于美国夏威夷 Honolulu. T. H.。清华学校毕业（1915），曾任清华学校高四级会书记、清华学校体育协会会长，1915 年以体育获清华学校铜牌奖。哥伦比亚大学建筑系学士（1915—1920），留学期间曾任（美）Manitowoc Shipbuilding Co. 等实习生（1917）、（纽约）Hobart Upjohn 建筑师事务所助理建筑师 3 年。1921 年回国在上海从事建筑师业务，在（上海）六合贸易工程公司做建筑师6年（1924—1929），1927年10月与清华校友张光圻、吕彦直、庄俊、范文照等发起组织中国建筑师学会。1930年2月获上海特别市市政府新屋图案竞赛二等奖，1930年7月起任上海市市中心区域建设委员会建筑师办事处建筑师襄助设计。1932年上海市工务局技师开业登记（建筑）。1935年担任国货建筑材料展览会审查委员会委员、资源委员会技术室技正（1940）。作品有上海巨籁达路银行、麦特赫司脱路银行、大西路银行等。

巫振英（后排右3）与家人摄于上海西摩路，1933年。女眷右2为妻李慧英，正中为岳母李云书夫人，前排左3为女儿巫漪丽（时两岁），后排右4为内弟李祖武

图片来源：中国先驱钢琴家巫漪丽遗作：我和钢琴[N].（新加坡）早报，2019-5-8.

12

陈均沛（1918 年回国）

陈均沛（Chen, G. P., ? 一? ），广东台山人。清华学校津贴生，密歇根大学（U.of Michigan）肄业，纽约工程大学（New York Engineering College）毕业，哥伦比亚大学研究院。1918 年回国，香港。1922—1924 年在美国建筑事务所实习 2 年。1924—（广州）西南工程公司，1926 年广州"总理纪念碑"图案竞赛第二名，中山纪念堂设计竞赛名誉第二奖。1929 年 3 月 16 日起任国都设

计技术专员办事处技士，南京铁道部建筑课。1929年
10月经李锦沛、清华校友赵深介绍加入中国建筑师学会。
作品有中山陵永慕庐等。

哥伦比亚大学中国同学会合影
三排：右1李铿（K. Lee），右3金岳霖（Y. L. Chin），右4陈体诚（？）（T.
C. Chen）；
四排：右2任鸿隽（H. C. Zen），左5张贻志（？）（Y. C. Chang）；
五排：右2凌鸿勋（H. H. Ling）；
后排：右1陈均沛（G. P. Chen），左3洪煨莲（William Hung），左4侯
德榜（T. P. Hou），左5林澍民（？）（S. M. Ling）
图片来源：*The Chinese Students' Monthly*, vol. 13, 1917—1918.

13

李

铿

(1916)

李铿（字又彭，Lee, Kung, 1896—? ），江苏嘉定人。
交通部上海工业专门学校（南洋大学、交通大学前身）土
木工程系学士（B.S.C.E. ,1916），清华学校专科生（1916），
康奈尔大学（Corn. U.）土木工程硕士（M.C.E. ，1917）。
中国工程学会总会书记（1922），（上海）Anderson
Meyer & Co., Ltd 建筑部工程师（1926），（上海）大
兴建筑事务所，慎昌洋行建筑工程部工程师（1934—

1937），合办（上海）开林工程事务所，甲等开业证。中国工程师学会正会员（土木，1934—1937）、上海市建筑技师公会发起人之一、会员（1946）。结构设计作品有中国工程师学会工业材料试验所（建筑设计为清华校友董大酉）。著文介绍《广州中山纪念堂工程设计》（《工程》，7卷3期，1932年9月1日，与冯宝龄合撰）（建筑设计为清华校友吕彦直）。

Students sent to America under indemnity fund, 1916.

本 會 會 逐 員
清 華 學 校 國 民 五 年 遣 送 留 學 美 國 高 等 科
薛 次 莘（土木） 王 成 志（機機） 許 坤（機機）
李 鏗（土木） 委 維 裕（電機）

1916年清华留美学生合影，后排站右1薛次莘（土木），前排坐者右1李鏗（土木）。
图片来源：《交通部上海工业专门学校学生杂志》，第1卷第4期，1916年12月，1页。

14

林澍民（1916）

图片来源:《林澍民》,《美国明尼苏达大学中国代表处》, https: //china. umn.edu/alumni/distinguished-alumni/lin-shu-ming

林澍民（字斯铭,Lin, Shu-min,1893（7？ ）—？ ）,福建人。清华学校毕业（1916）, 明尼苏达大学（U. Minnesota）建筑工程系学士（1917—1921）、哥伦比亚大学硕士（1922）。在明大留学期间, 曾撰写话剧本《"满洲国"的最后时光》, 由明大中国留学生在校园演出。（天津）National Commercial Co.,（北京）Union Trading Corperation（1926）,（上海）从事建筑师业务。1931年8月经清华校友董大酉、巫振英介绍，加入中国建筑师学会，自办（上海）林澍民建筑师事务所，从事房屋设计、监造。上海市建筑技师公会会员、南京建筑技师工会监事（1948）、北京工业大学教授、邮政局第一银行顾问。台湾省建筑技师公会常务理事、1959年8月起任台湾建筑学会理事。1965年与陈濯、陈其宽、杨卓成、王大闳、余振中、张崇生、虞曰镇、郑定邦、黄宝瑜、杨元麟及力霸振中美亚建筑师联合设计中心，被选为台北孙中山纪念馆设计竞赛参赛建筑师。（台北）建筑师（1966）。还曾经任教于台北中国文化大学。1965—1968年任台湾建筑学会会长。作品有北平中央银行、天津久大精盐公司、秦皇岛电灯厂、南京邮政储金汇业局（与罗邦杰合作）、九江邮局、上海江南造船所房屋、台北雾峰省议会新厦（1959年4月21日落成）等。

注：承陈植先生1990年6月10日来信告知，林是"美国的'预应力混凝土之父'林同炎（原文）的妹父（原文）"。

附:《建筑界消息》,《时事新报》, 1937 年 4 月 14 日

南京金城银行大厦，由本埠建明建筑事务所设计，森泰营造厂承造。邮政储金汇业局由罗邦杰、林澍民两建筑师设计，仁昌营造厂承造。工作进行均极顺利。

15

薛次莘（1916）

图片来源：《交通部上海工业专门学校学生杂志》，第 1 卷第 4 期，1916 年 12 月，1 页。

薛次莘（字惺仲，Hsieh, T.H. / Sih, T.S.，1895—? ），江苏武进（今常州）人。交通部上海工业专门学校土木工程科（1916），清华学校官费留美（1916），麻省理工学院土木工程系（道路工程）学士（1916—1919）。留美期间曾任佛及埃省营房工程副技师、费城船坞建筑科计划师、纽约铁路工司（N.Y.R.R.Co.）计划师（1919）、福开森建筑公司监工员（1920）。1922 年回国任（上海）

慎昌洋行建筑部工程师，吴淞大中华纱厂建筑工程师，（无锡）太湖水泥公司建筑工程师兼工程处主任（1925）。1927年—1929年1月15日任上海特别市工务局技正，第四科科长；上海金城银行新屋监造工程师。1929年任工商部中华国货展览会审查委员会委员，上海南市毛家弄工务局（1930）。中国工程学会董事部成员（1922）、副会长（1926.8—1928.8），中国工程师学会正会员、董事（土木，1930—1937），1931年春与中华工程师学会、中国工程师学会同人9君提议二会合并，改名为中国工程师学会。1931年8月经清华校友董大酉、巫振英介绍加入中国建筑师学会。国立中央研究院建设工程顾问（1931），浦东同乡会新会所顾问工程师、上海市中心工务局秘书（1932），上海市市中心区域建设委员会委员。1935年由中国工程师学会推定为国货建筑材料展览会筹备委员会委员。1936年任上海市工务局技正、科长，赴欧美考察各国公路工程（1935）。资源委员会专门委员、军事工程团总团附、南京全国经济委员会公路处（1937）。交通部西南公路管理处长（1940），（重庆）交通大学土木工程系主任（1942），大连市政府委员（1945.9），南京市政府秘书长（1947.8）。曾负责过南京阵亡将士公墓、无量殿、天府煤矿等工程。著作有《房屋》（上海：

商务印书馆，1933.12)；《城乡经济路面的建筑与修养方法概述》[与周凤九合著，国际道路会议常设协会（简称国际路协，PIARC）第七届国际道路会议（慕尼黑）论文，1934]；《近年来国货建筑材料之进展》（《申报》，1935.1.8、1.15)；《抗战以来之西南公路》(与莫衡合撰，《西南公路》，74 期，1940 年，563–565 页) 等。

附：赵祖康，《旧中国公路建设片断回忆》，中国人民政协全国委员会编《文史资料选辑》83 辑，1982 年 8 月。

（1937 年 11 月）由经委会在贵阳设立西南公路管理局，派薛次莘为局长。薛是交大毕业生，比我高两班，曾留学美国，担任过上海市工务科长。后来经委会派他为技正，工程技术有经验。1936 年夏，他参加过行政院举办的"京滇公路周览团"，由经委会推荐担任该团总干事，去过西南各省。对西南公路情况比较熟悉，所以派他充任西南公路管理局长这一职位。

16

张光圻（1916）

图片来源：《毕业同学 Alumni：张光圻 1916 年》，《清华年报》，第 9 卷，1926 年，134 页。

张光圻（字铎岩，Chang, Kuangchi C., 1895—？），江苏崇明人（今属上海）。清华学校毕业（1916），在校期间任高三级会会长、高四级级长、高等科第五自修室室长。1916 年 2 月 29 日清华学生创设贫民小学在北京米市青年会演《贫民惨剧》筹捐，张任干事部、演剧部成员，并致开幕词。哥伦比亚大学建筑系学士（1916—1920）。1923 年起任（上海）前元实业公司建筑部主任，

1923—1927 年任六合贸易工程公司建筑师，1926 年获广州中山纪念堂设计竞赛名誉第三奖。1927 年 10 月与清华校友吕彦直、庄俊、巫振英、范文照等发起组织中国建筑师学会。1931 年起任（沈阳、哈尔滨）中国建业公司主任建筑师、（上海）荷兰治港公司驻京代表。1937 年与清华校友董大酉合办董（大酉）张（光圻）建筑师事务所，1948 年起任自办张光圻建筑师事务所，甲等开业证。1948 年任上海清华同学会编辑委员会委员，1950 年任中国建筑师学会登记会员。1949 年冬赴香港，1950 年冬到美国，在 Oklahoma 大学讲授东方美术史两年，在纽约复业建筑。

佚文：张光圻，《欧洲各国小学体育之注意》（连载），《清华月刊》，第 1 卷第 1 期，1915 年，23–25 页。

欧洲各国小学体育之注意
张光圻

学校欲造就完全人才，必须智德体三育并重。欧美各国，学校中除经史科学外，更以体参运动，列入正课，且视为要目。对于初等小学及高等小学，尤注意焉。各小学中，皆设男生及女生练身室各一所，每日功课，多不过五小时，而余晷悉以付之运动及游戏。盖儿童为人生发育时代，此时而不使其体质发达充足，将来恐无强健之望也。泰西好善热心之士女，每自结社，举办儿童卫生事业，以谋社会之幸福，助学校之不及。其办法之规定，与进行之手续，则悉与学校商榷妥贴【帖】，权限分明，而进行一致，互相扶持，互相表里。寔（实）是有无穷之利益，而无丝毫之抵牾也。

德法瑞丹诸国，小学中，功课极轻，每日五小时，夏季自上午七时至十二时，冬季自上午八时至下午一时。在余暇中，则各学生从教师之指导，作种种有益之运动及游戏。游息之余，教师复定数时，教女生以缝纫及烹调，授男生以手工及美术。如此儿童既不至过于嬉戏以伤其身，更不至溺于学业以伐其心。休作有时，各得其当，自能兴趣横生，受益于不知不觉之中也。暑假为期甚长，更为儿童身心发达之良好机会。德法诸国之小学，每于此假期内，由教师率领全校学生，或联合数校学生，千百成群，游览远近名山大泽，古迹胜景。旅行至半月或一月始归。儿童豪兴勃勃，到处赏心悦目，自能神清气爽，思净虑诚，外邪不能入，养心修身之道，莫善于此矣。即所见人物花鸟，亦足以增进其智识，扩充其眼界也。此种举动，有裨学子三育，诚为学校所应有者也。至若一般染疴之学生，则另在近海地方，或择林泉幽爽之处，为设宿舍俾得静养就痊。此等事多由社会上热心善士，尽义务举办，盖学校有时不能兼顾及此也。以上所述，仅举欧西各国，对于小学儿童卫生一事，如何注意，总言之耳。兹复将其种种办法，分别述其大要如下。

德国

欧洲各国，注意儿童体育者，当推德国为最。德国儿童六岁入小学，入学时，先内校医查验体质，合格则收，不合则送还其家，将其体质薄弱情形，报告其父兄，并令其在家医治，半年后再至校查验。若有身有残疾而尚无妨正课者，则亦通容收入，惟于课程中，量其疾之重轻，而酌减一二，并以相当之法治之。学生体格，每年由校医查验四次，校医除治病外，兼有调查学生衣食卧处情形之职，遇有不适宜处，即改良之。

小学中，每星期正课内三小时为徒手操及器械操，此三小时，不过为规定之课程，其余寻常游戏及运动，尚不在内。每晨有五分钟之柔软体操，届时学生齐集操场，排列成行，由一队长，指挥操演，其操法概由学部颁发。队长并非派定，寔（实）由学生每星期轮流尽职，谓之值日生，是亦一自治之法也。早晨运动如此，下午则由教师督率，练习各种正式运动，如跑跳等类。每星期如此者凡二次，其他四日，则由学生任意游戏，不拘种类。

平日除攻读运动外，更有参观之事。教师常率一班或全校学生，赴工厂，或图书馆，或博物院，或美术馆等处，浏览景物，此事有裨儿童之心身，实非浅鲜也。政府专立一种师范学校，讲求小学体育，或于高等学校中，专备小学体育科，以为养成小学体育专门人才之地。德国对于小学体育，其注重如此，此其所以德国国民之体质，为他国国民之所不及欤。（未完）

17

黄森光（1921年毕业）

黄森光（1892—？），广东台山人。清华学校津贴生，密歇根大学（U. of Michigan）建筑工程系学士（B.S.，1921.6）。广东开平县（今为开平市）工务局局长，广州市工务局技士、建筑顾问。的采城（编者注：当即Detroit，今译底特律）工务局建筑师。国立北平图书馆建筑竞赛第三奖，中山县（今为中山市）中山纪念学校建筑顾问。1926年11月18日起任（广州）中华土木工程师学会第一届监察委员，1931年9月任广州市政府城市设计专员，参与设计广州市道路系统（1年2个月），1932年6月起任广东省政府建设厅技术委员会土木组技

丁巳级　Class of 1917

（民國六年八月）　影　攝　學

民国六年清华留美学生合影，1917年。合影中应有裴燮钧、谭真
图片来源：《环球》，第2卷第3期，1917年9月，12页。

正（2年5个月），1935年3月起任第一集团军总司令
部技正（2年5个月）、筹建工厂办事处副主任（1年5
个月）兼建设厅技正，1936年8月起任第四路军总司令
部技正（4个月），1936年12月7日起任广州市政府下
水道工程处副处长。（广东）国民大学教授（1936）。作
品有广州华南楼大厦（1933）等。

歡送清華學生赴美

18

裘燮钧
（1917）

鈞燮裘
H. C. Chiu

图片来源：《交通部上海工业专门学校学生杂志》，第2卷第2期，1918年3月，1页。

裘燮钧（原名忱枢，字星远，Chiu, Hsieh-chun, 1895.6—1976），浙江嵊县人。交通部上海工业专门学校（南洋大学、交通大学前身）土木工程科毕业（1917），清华学校官费留美（1917），康奈尔大学土木工程系硕士（M.C.E., 1918）。中国工程学会上海支部会计（1922），（美）McClintic Marshall Construction Co. 实习（1926）。1926年加入清华校友吕彦直创办的（上海）东南建筑公司、彦记建筑事务所任工程师。李锦沛建筑师事务所（？），江苏公路局技正，浙江公路局工程师兼设计科长（1930），杭州市工务局技正兼科长（1931）。1931年10月经清华校友巫振英、董大酉介绍加入中国建筑师学会。中国工程师学会正会员（土木，1934）、总干事（1934.5）、董事、执行部总干事（1937）。1936年任中国建筑展览会常务委员，上海市政府工务局，技正兼科长（1937）。1938年6月任龙溪河水力发电工程筹备处（后称工程处）下硐水电站工程师，负责厂房土木工程，资源委员会龙溪河水力发电厂工程师兼课长（1940）。1949年起任台湾电力公司编译部正工程师（1961，1966），台湾工程师学会监事（1951—1952）、总会计（1951—1953）、基金保管委员（1954—1956）、论文委员会主任委员（1957）、理事（1961）。著有《台湾之电》（与黄辉等合著，动力工程社）。

19

谭

真（1917）

谭真（字全甫，Tan, Chen, 1899—1976），广东中山
人。交通部唐山工业专门学校土木工程系毕业（1917），
清华学校专科生（1917），麻省理工学院土木工程硕
士（M.S., 1918）。1919 年回国，运河工程总局副工程
师，1921 年起任（天津）允元实业公司（1930），兼北
洋工学院土木工程系讲师（1928）。1929 年起任海河水
利委员会工程师，兼交通大学唐山工学院教授（1931—
1932）。中国工程学会正会员（土木）（1930），中国工
程师学会正会员（土木，1934—1937）。1934—1937 年
任（天津）荣华建筑工程公司工程师，建筑绘图工程师，

1940 年任天津工商学院教授，1946 年任交通部塘沽新港工程局总工程师。1946 年 5 月北平市营造业建筑师登记，自营（北平）谭真建筑师事务所。中国土木工程学会理事会副理事长、常务理事（1962），天津市政协委员、交通部副部长。

華留美學生攝影

王岂佰　湯承佑　余澤蘭

李祥亭　邱正倫　蕭　遽

黎藻鑑　羅榮安　余青松

　　　林國鎬　鄺兆祁　王淑貞女士

李　濟　沈　履

　　　李權時　余青松

　　　彭堯祥　周賢頌

黃受權　侯家源　楊紹曾　李思科　楊佩金女士

劉樹鏞　葉企孫　張道宏　顧岱毓女士

陳宰均　裴冠西　汪心渠

　　　陳師經　周天驥

張鑫海　馮肇傳　樓光來　楊恩湛先生

鄭步青　陳　禮

1918年8月清华留美学生合影，最后排右2朱彬，右6董修甲
图片来源：《环球》（第八次征求号），1918年10月，6页。

清 月 八 年 七 國 民

陳熹　鄭重

朱彬　王兆麒　鮑國寶　湯用彤　唐元湛先生

謝寶添　程其保　查良釗

李耀煌　熊正瑾　關頌韜　徐世大　唐玉瑞女士

杜光祖　楊肇燨　高華

劉廷晃　吳士芬

周延鼎　王榮吉　孫瑝　張蘭閣　朱蘭貞女士

董修甲　張廷玉　溫祖蔭

董時　陳崇法　曹鳴鑾　丁素筠女士

盧獣生　沈誥

易克念　劉弱　曾中毅

20

董修甲（1918）

生先甲修董

图片来源：《赞助本会最力者：董修甲先生》，《寰球中国学生会年鉴》，第 2 期，1923 年 10 月，30 页。

董修甲（字鼎三，Tung, Hsiu-chia, 1891—？），江苏六合人。清华学校毕业（1918），在校期间，以智育"国语学说"获清华学校金牌一面（1915），任高等科国文班四丙班班长（1916），国语演说辩论会会长（1918 年夏）。1918 年 8 月 14 日在上海搭南京号轮船启程赴美留学，同船另有汪精卫、朱家骅、邓萃英、杨荫榆（女）、叶元龙、刘叔和、徐志摩等。密歇根大学（U.

of Michigan）市政经济学士（B.A., 1920），加州大学（U. of California）市政管理硕士（M.A., 1921）。1921—1922年任南洋路矿学校经济学及历史教授，1922—1924年任吴淞港改筑委员会顾问，吴淞市政筹备处欧美市政调查主任。1924年任国立北京法律大学及师范大学市政管理及经济学教授。1925—1928年任上海市政府、汉口市政府顾问，其后任沪宁、沪杭铁路管理局租契起草委员会英文秘书，上海国民大学、吴淞中国公学、吴淞及上海法律学校教授等职，上海清华同学会主席。1928年任武汉市政委员会秘书长，1929年6月26日—11月5日任汉口特别市政府工务局长，1929年11月5日起任公用局长（1931），汉口国民经济研究所，1930年任汉口特别市参事长。1931年3—9月任南京首都建设委员会经济处技术专员，1931年10月任立法院立法委员，1931年12月—1933年10月任江苏省政府委员兼建设厅厅长。1932年6月任行政院淞沪战区善后筹备委员会委员，国民政府经济部资源委员会国民经济研究所特聘研究员，苏浙皖税务总局秘书长。汪伪财政部税务署副署长，兼糖类化妆品类临时特税处处长，汪伪江苏省政府委员兼财政厅厅长（1940.6），汪伪安徽省政府委员兼财政厅厅长（1941），汪伪财政部江苏印花烟酒酒税局局长（1943.1）。（香港）华侨工商学院夜校任教（1950.6.30）。著作有《市政新论》（1924）、《市组织论》（1928）、《中国地方自治问题》（1937）（以上均自上海商务印书馆印行）；另有《市政与民治》《京沪杭汉四大都市之市政》（上海：大东书局印行，1931）、《市宪议》《都市存废问题》《市财政学纲要》等著作。

佚文：董修甲，《成功之要诀（中文演说比赛第一名演说稿）》，《清华月刊》，第 1 卷第 1 期，1915 年，9–13 页。

成功之要诀（中文演说比赛第一名演说稿）
董修甲

鄙人尝读历史，见古今来圣贤豪杰，其功名事业之伟大，无不可以流芳万载，师表后世，心窃慕之。及进而研究其所以成功之方，盖有最要最巧之法焉。今日既有此好机会，使鄙人得以谈论于诸君之前，鄙人不揣谫陋，敢以古人成功之方与诸君一讨论之。所以鄙人今日演说题目，命名为成功要诀，按古人成功之方甚多，撮要言之可以分为三端：

第一要诀曰：立志

汉光武曰："有志者事竟成"，可知古今来成功立名者，未有不自立志始。孔子亦曰："吾十有五而志于学"，盖孔子之所以能成大圣，继往开来者，皆由其十五即能立志求学之功。吾人不欲成功则已，若欲成功必先立志。或问何以立志方可成功？诸君须知志者，心之所向也，行路必有方向，始可达到目的，作事必先立志，始能希望成功。不立志，即无宗旨；无宗旨，则不能专一；不能专一，则或左支右绌，或朝作夕辍，安有成功之理？故欲成功，立志最要。立志之方法亦甚多，而不可不知者有二：

（一）立志要高

古今人多矣，然有成为伟大人物者，有碌碌终身、无所成就者，非因其才智有异，实由其立志不同。立志小者，成功自小；立志大者，成功始大。自然之理，如立志学圣贤者。其脑筋中日日总存一个圣贤的观念，得圣贤之道所以卒成为圣贤。学英雄者，志仅在英雄，更不知英雄之上，还有圣贤，故只成为英雄而止。孟子有言："如欲平治天下，当今之世，舍我其谁。"孟子立志如此之高，所以后来成为亚圣，孔子之后，一人而已。可知欲成大功者，立志必定要高，但高之外，邪正亦不可不辨，是以：

（二）立志要正

诸君知古今来留芳百世者有人，遗臭万年者亦有人乎，同是人也，何以此得善名，彼得恶名？无他，立志不同之故。立志不正，恶名随之；立志正者，善名归焉。此如影之随形，响之应声，自然之理。试观岳飞秦桧，俱生北宋之季，皆可以有为于其时。惟岳少时即以精忠报国为怀，故能卒成功名，百代庙祀。秦桧材慧，而金壬是务，故后以奸闻，千载唾骂。就此观之，欲成功名，立志必先要正当虽然，立志既高且正，若不实在作去，则立志何益故？

第二要诀曰：坚忍

美前大总统罗斯福云："胜过万难，方能成功"，但胜过万难，岂是易事？故非有坚忍不挠之精神不可。即如越王勾践困于会稽，卧薪尝胆，三年不倦，卒能沼吴。若勾践无坚忍之心，如何能耐卧薪尝胆之苦？不能耐此苦，诸君试思能灭吴否？断然不能。所以吾人要想成功，必要坚忍，无论何时何事，皆须坚忍，而于我等学人之最有关系者有二：

（一）对于学业上要坚忍

诸君须知欲立大事，必须有高深学识；欲求高深学识，非坚忍不可。现在有许多青年学者，刚自中等或高等学校卒业，即患读书苦难，半途辍学，功亏一篑。此等人先无坚忍心，卒不能得大学识；无大学识，如何能作大事业？所以吾人对于学业，必要有坚忍心，但学识既造高深，不可不有完全人格，以为之体故。

（二）对于修身上要坚忍

古今来成大事业者，必先有完全之人格；欲成完全人格，必先修身；修身必须有坚忍力。何者？修身不外克己复礼二端。但己如何可以克得净尽？礼如何可以复得完全？则非时时刻刻留心，时时刻刻作工夫不可。若不能坚忍，一刻稍松，则人欲日涨，天理渐微，德行不修，如何能成完全人格？无完全人格，如何能作大事业？曾文正少时不能早起，后来发愤痛改，故其家训，即以早字为第一义。即此一端，可以见文正之能坚忍。其能成大事业、立大功名，皆由其能坚忍得来。所以对于修身上说，坚忍亦是最要，至于学问高深，人格完全，吾人出去实行时，还有一要诀，不可不知，即：

第三要诀曰：忠心

诸君知天下无论作何事，必须要忠心。忠者尽己之心也，不能忠心，即不能着实作去；不能着实去作，安望其成功？德之俾士马克，近世最能作事之英雄也，然考其成功之由，则能忠心于其义务而已。所以吾人欲成功，必先要能忠心。吾人对于各事皆当忠心，兹仅就其要紧者二条言之：

（一）对于朋友当忠心

天下事独力不能成功，必有最亲信之朋友，同心共济，然后可以成大事业。但欲朋友之亲信我，则非我先忠于彼不可。昔管仲相齐桓、霸诸侯，功烈震于后世。然管仲之能相桓公，以有鲍叔荐之也。鲍叔何以荐管仲？以知管仲之心也。向使管仲不见知于鲍叔，则必无道可以相桓公；不相桓公，则又安能成此大功烈？由此以观，忠于朋友，于吾人成功上有莫大之关系，忠于朋友，即与忠于自己无异。所以吾人对于朋友，必要忠心，既有同心共济之友，然后可以出任国家大事，是以：

（二）对于国家当忠心

华盛顿与拿破仑，皆近世所谓伟大人物。然华卒成美国独立，以功名终；拿则不免于窜放无他。即华之举动，皆忠于国家，所以美民能助之成功；拿之举动，纯为自私，而不忠于国家，故法民不助之，拿卒以先败。此可见对于国家忠心方可成功，换言之，忠于国家，即是忠于自己；不忠于国家，即是不忠于自己而已。

综上所述，吾人先能立志以树成功之的，再能坚忍以求达此志，更能忠心以实行吾之志。不作事则已，若作事，一定可以成功。然此三层功夫，非易作者，古圣贤豪杰所以异于常人者，以其能胜过万难，而完全此三层功夫也。颜渊曰："舜何人也余何人也？有为者亦若是。"诸君既知三种要诀，若能如大舜颜渊，奋往作去，则成功亦可预期。今日鄙人不与诸君谈国家大事，又不与诸君谈高尚理想，而独与诸君言成功者，何也？以吾等清华学生也。清华学生所食者皆国民之脂膏，所饮者皆国民之血脉，国家所以费此巨欵，以教养吾辈者，希望吾等回国后，可以救国济民也。吾人如不得成功要诀，绝不能成功；不能成功，又何能救国济民？不能救国济民，国家将来不为朝鲜即为印度。如此，则吾对下有负国民之倚任，对上有负父老之责望。又况吾先圣祖神宗，由昆仑东来，暴霜露、斩荆棘，始有此尺寸土地。吾人不能为之开辟疆土，反将已有土地，断割于仇敌，则罪深矣。吾人今日既占此最优之地位，又享国家之厚惠，并负国民之重【众】望，故吾人将来之能成功与否，关系全国，实非浅鲜。今日鄙人特以成功要诀，奉赠诸君，愿诸君努力前途，将来发皇大业，措中华民国于磐石之固，登中华国民于衽席之安，则幸甚矣。

21

朱彬（1918）

图片来源：《设计中山医院之基泰四巨头》，《时事新报》，1937 年 4 月 4 日。

朱彬（Chu, Pin，关颂声妹夫，1896.12.24—1971.8.20），广东南海人。清华学校毕业（1918），在校期间曾任《清华年报》图画编辑（1914—1918），以智育"绘造图样"获清华学校金牌一面（1915），1916 年 2 月 29 日清华学生创设贫民小学在北京米市青年会演《贫民惨剧》筹捐，朱彬担任布景设计。宾夕法尼亚大学（U. Penn）建筑系学士（1918—1922.6.14）、硕士（1923.6.20）。费城罗弗工程司事务所实习，纽约麦谭建筑公司实习。回国任天津警察厅工程顾问，天津特别一区工程师，天津特别二（三？）区工程科主任。1923年与清华校友关颂声联姻，并加入关创办的基泰工程司，成为合伙人并主管财务。1928年赴上海成立并负责基泰分所，1931年8月经清华校友董大酉、巫振英介绍，加入中国建筑师学会。重庆市工务局建筑技师开业登记（1939.7），中国建筑师学会基金及会所委员会主任（1948.7，南京）。1949年关和朱分别主持台湾、香港基泰，朱登记为香港授权建筑师（1949），香港建筑师学会首届会员（1956）。1960年关逝世，朱彬接管台湾基泰。作品有（北京）大陆银行，（天津）南开大学图书馆、中原公司、大沽路London Mission Church、大陆货栈，（上海）大陆银行、大新公司、中山医院、St Elizabeth Hospital of the American Church Mission, Young Brothers Banking Corporation, The Free Christian Church, C. I. M, Standard Vacuum Oil Co.,（南京）中央医院、南京新站,（重庆）中央银行,（香港）香港电话有限公司大楼、万宜大厦、德诚大厦、陆海通大厦、先施保险大厦、美丽华酒店、香港宣教会恩磐堂、英华中学、邵氏大楼、东亚银行大厦、龙圃和圣神修院神哲学院新楼等。

基泰工程司，南开大学木斋图书馆，天津，1927—1928 年
图片来源：吴振清，李世锐. 卢靖与南开大学木斋图书馆 [EB]. 南开大学校
史 网 . http://news.nankai.edu.cn/xs/system/2013/10/25/000148514.
shtml，2013-10-25.（感谢作者授权发表）

佚文：朱彬（Chu Pin），《致 Dr. & Mrs. Danton 信，1918 年 10 月 8 日》，《清华周刊》，第 155 期，1918 年 12 月 26 日，5-8 页。

3707, Walnut St., Phila., Pa., U.S,
Oct. 8, 1918

My dear Dr. and Mrs. Danton,

Sometime has elapsed, since I last sat in front of you. Now and not until now am I sure that life and work in Tsing Hua are both pleasant and profitable.

I entered Philadelphia on the 14th of September, after a pleasant Journey of exactly one month. People are rather surprised to find such a new comer in this old city amidst the war cry of the Republic. "Liberty", "War", and "Victory" are the words before my eyes wherever I go. Indeed, the first reception we had in Chicago is given in the County Building where I have to wait for three hours to get myself registered under the selective service law. Conditions in Philadelphia are not favorable especially to one who has just come. Standard of living is extremely high and forty dollars a month is scarcely enough for room and board alone. All the Tsing Hua fellows here have to work in the

Summer in order to get out of debts. I think this must necessarily be the condition when one has to live on an allowance basing upon the living standard of ten years ago.

The war indeed has the claim for everything and the University here is no exception to this statement. Most of the courses in the College are not given, all the engineering schools give only a sort of "War Course". Instead of the regular course of four years of two terms each, I am now taking the war course of two years of four terms each. Lessons in the regular course such as English and History are omitted altogether, others are very much condensed. Courses which used to be given once a week throughout the year are now given three hours a week in a term of three months. Of the nine thousand students, six thousand belong to the Students' Army Training Camp. Their tuition and fee are paid by the government, and in addition, receive the pay from a private. Dormitory turns into barracks and students into soldiers. At the end of every term of three months a number of these men will be called to service by the government. This is the reason why the war course is arranged in terms of three months. If however, one has not been called away after two years, he will be graduated from the war course but without any degree, and if one wishes to take a degree, he can do so by taking up all the omitted subjects.

Since most big colleges are in pretty much the same conditions, since I can have credits for whatever I study now, I have to stay here for the present.

Life here is rather harsh. In a big University like this I naturally do not expect to enjoy much college life, but in this moment, I do not see any. This, however, makes very little difference to me. I rather suppose that I would not be able to learn a great deal, if people should embrace me to their midst with sweet words, but I would observe some real things if I am unnoticed and uncared for. The greater the difficulty I can go thru, the better will I satisfy with myself. After all our government does not send me over to have a good time and I do not have to stay here all my life.

When I presented my certificate from Tsing Hua, the authority here gave me 18 units, which enables me to enter the Freshman class in architectural engineering, and they also gave me 15 advanced credits which enables me to be a partial Sophomore. All the entrance units are based upon the subjects I studied in my Freshman and Sophomore years in Tsing Hua. Thus if I came here in 1916, I can enter the Freshman class just the same. Though I must not say that my last two years in Tsing Hua are wasted, I am of the opinion that the High School Courses should be in some way contrasted into a real High School or else expended into a Junior College without the addition of years and I think this can be done.

If the war will continue for a few more years, I expect even the smaller colleges will be in similar conditions as the University of Pennsylvania, and some may be transformed into training stations. I do not know, if my schoolmates who will come over next year should have a hard time to find a school giving the regular courses.

With the energy of a new president Tsing Hua must have a new air. I do not wonder if things should go toward different tracks. I am rather anxious to hear some news from China. I expect that you will be very busy and would not have time to write to me but, if you do remember that I am as ready to receive your instructions as ever and it would be both pleasant and profitable for me to read a letter from you.

Please remember me to the Tsing Hua professors, whom I know. I have seen Miss van Benschoten's sister, who treats me very kindly, and I must thank her for the opportunity she has given me to meet some real fine people in Philadelphia.

Hoping you and the whole family will enjoy another prosperous year in Tsing Hua, I remain,

Very sincerely yours,

Chu Pin

（翻译）

美国宾州费城胡桃木街 3707 号

1918 年 10 月 8 日

丹顿先生和夫人敬启：

一别久矣，清华生活和工作想必愉快且富有收获。

经一整月的愉快旅行，我已于 9 月 14 日抵达费城。在美国共和国的战争呼声中，于这座老城中发现这样一个新来者，人们甚感讶异。所到之处，"自由""战争"和"胜利"等词频频入眼。事实上，我等在芝加哥受到的首次接待是在市政厅，我于此候达三小时方依据《选征兵役法》得以登记。费城情形亦不乐观，尤其是对新到者来说。此地生活标准极高，每月四十美元仅够食宿。所有清华同学暑假皆须勤工俭学方可还清债务。我想，衡之以十年前之生活标准，则如此情形须赖救助金方可过活。

此时确是一切服务于战争，大学亦不例外。学院大部分课程均未开设，所有工科院系仅开设一类"战争课程"。我现在所修的并非每年两学期的四年制常规课程，而是每年四学期的两年制战争课程。常规课程如英语和历史皆已停课，其他课程亦大幅浓缩。过去全年每周授课一

177

次的课程，现在每周授课三小时，为期三月。九千名学生中，六千名进入学生军训营。其学杂费由政府支付，此外还有私人资助。宿舍变成兵营，学生变成士兵。每三个月的学期结束时，部分人将应征入伍。此乃战争课程以三月为期之原因。然而，若有人两年后仍未受到征召，将算作战争课程肄业；若想获得学位，则需重拾所有从简之课程。

因多数大型院校情形大致相类，且我能从现所学任何课程获得学分，所以目前仍须留在此处。

此处生活多艰。偌大校园值此境遇，我对享受校园生活自然不存奢望，而于目前，我也并未获见任何校园生活。不过，此于我而言影响甚小。我甚至认为，倘沉湎于他人之甜言戏语，我将无由获得真知；但我会在他人无意之间，去关注一些正经之事。其进愈难，则收获愈令我欣悦。毕竟，我国政府遣我来此非为享乐，而我亦毋需终于此地。

当我提交清华学校颁发的证书时，校方给予我 18 门课程单位，凭此我进入建筑工程系大一班级，校方又给予我15 个进阶学分，凭此我成为准大二学生。所有的入门课程单位均基于我在清华学校一、二年级所学习科目。故我若1916年来此，同样可入大一班级。虽不至于说我在清华最后两年虚度时光，但私以为高等科课程应并入一所正式高中，或留到大学预科而不增加学制长度。据我愚见，此举可行。

倘战事延宕数年，恐规模较小的学院亦将步宾校之后尘，甚或有被改造为训练营者。明年来美（清华）校友能否觅得提供常规课程之学校，亦属未知。

新校长励精图治，清华学校必气象一新。形势当不会逆转，我无需多虑，唯急切获悉国内消息。我料两位工作冗忙，恐无暇回信。然我随时静候聆训，若得来鸿，必欣喜非常、受益良多。

请向我所识清华诸教授代为致意。我已见到范·本斯霍顿小姐之妹，其人亲切友善，使我有缘一识费城诸君，不胜感激。

祝两位及家人的清华之年吉祥如意。

特此致候，不胜依依。

朱彬

（林慧译）

日攝於上海美國哥倫比亞俱樂部）

畢業游美生全體攝影

上图：清华学生全体摄影（民国九年八月十日摄于上海美国哥伦比亚俱乐部）
下图：北京清华学校第八次毕业生全体摄影。其中应有赵深和庄秉权。
图片来源：《环球》临时增刊，1920年，4、5页。

（民 国 九 年 八 月 ）影 摄 体 全 生 学 华 清

北 京 清 华 学 校 第 八 次

22

赵

深（1920）

图片来源：*Who's Who in China*, 4th ed., 1931

赵深（字渊如，号保寅，Chao, Shen, 1898.8.15—1978.10.16），江苏无锡人。清华学校毕业（1920），1915年以德育获清华学校"铜墨盒奖"，同年6月22日在饯送高四毕业诸君俱乐会上与陈长桐、崔学攸、白敦庸三同学合唱。宾夕法尼亚大学建筑系学士（1920—1923.2）、硕士（1923.6.20），留美期间在纽约、费城台克劳特，迈阿密菲尼裴斯建筑事务所实习绘图员6年，并获中山陵设计竞赛名誉奖第二名（1925.9）。1926年回国，入（上海）范文照建筑师事务所，1927年经范文照、清华校友庄俊介绍加入中国建筑师学会，1932年任会长。1930年2月获上海特别市市政府新屋图案竞赛一等奖（与孙熙明合作），1930年11月获南京中山纪念塔（未实现）图案竞赛第二奖（即首奖，与范文照合作）。1931年3月赵深脱离范文照，自办赵深建筑师事务所，1931年与清华校友陈植合组赵深、陈植建筑师事务所（Chao & Chen），1933年1月—1951年9月清华校友童寯加入，改名华盖建筑事务所。中国营造学社参校（1931—1934）、社员（1935—1937）。1935年获南京国民会议场建筑设计竞赛第三奖，1936年任中国建筑展览会常务委员、征集组副主任。1938年赴昆明设华盖分所，1941年6月任中山大学建筑工程系教授。中国建筑师学会理事（1946.10.5，上海，1948.7，南京），上海清华同学会基金/会所委员会委员（1948）。1951年9月—1952年5月华盖合入（上海）联合顾问建筑师工程师事务所，1953—1955年任建工部中央设计院总工程师，1952年7月—1953年10月，1955年5月—1978年10月任（上海）华东建筑设计公司总工程师，1956年起任（上海）工业建筑设计院副院长。1958—1960年任上海市基本建设委员会委员，中国建筑学会第一届（1953.10）理事,第二（1957.2）、三（1961.12）、四（1966.3）届副理事长。作品有（南京）中山陵行健亭、中山文化教育馆、外交部办公大楼及官舍、铁道部购料委员会大楼,（上海）金城大戏院,（昆明）南屏大戏院、聚兴诚银行、劝业银行、兴文银行、大逸乐大戏院。1949年组织领导设计了上海虹桥国际机场、上海电信大楼、上海嘉定一条街、杭州西泠饭店、苏州饭店、福州大学、泉州华侨大学、赞比亚联合民族独立党党部大楼。

23

庄秉权（1920）

庄秉权（1899—1990），江苏上海人。清华学校毕业
（1920），伦素利理工学院（Rensselaer Polytechnic
Institute）土木工程系毕业（1923）。1923年夏赴
Foundation Company, N.Y.E. 实习，（美）纽约基础建
筑公司（Foundation Co.）工程师（1923—1927）。杭州
市工务局工程师（1927），国民政府建设委员会技正兼苏
州太湖流域水利委员会技术长（总工程师），兼建设委员
会第一灌溉区委员会水工股主任，工商部工商设计委员会
委员、中华国货展览会审查委员会委员、中国建设协会
会员（1929）。（上海）开宜公司土木工程顾问工程师，

1931—1934 年任上海交通大学兼职教授。合办（上海）东亚建筑公司（合作人：黄家骅），中国工程师学会正会员（土木）（1934）。南京三元巷 2 号资源委员会专任委员（1936，1937），技正。（上海）华业公司顾问工程师（1940），合办（上海）华基工程师事务所（合作人：俞调梅）。上海轻工业设计院技术顾问，1952 年 9 月调入同济大学建筑系，教授都市设计、建筑设计，并与黄家骅指导王凡琳、郑时龄、郭传铭等研究生（1978）。著作有《实用木工程建筑详图》（与徐锦华合编，上海新亚书店，1953；上海科学技术出版社，1955）、《实用砖工程建筑详图》（与徐锦华合编，上海新亚书店，1954；上海科学技术出版社，1956）、《实用钢筋混凝土工程详图》（与徐锦华合编，上海新亚书店，1955；上海科学技术出版社，1959）。

24

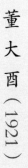

董大酉（1921）

董大酉（字长秋，Doon, Dayu, 1899.2.1—1973.10.3），
浙江杭县人，生于杭州，长于日本和其他欧洲首都，幼
时罗马经历吸引董选择建筑为未来职业。清华学校肄业
（1921），在校期间任棒球、足球及网球队队员，《清华
学报》及《年报》襄理（1917），铜乐队队长（1920—
1921）。明尼苏达大学建筑学士（B.S., 1922—1924）、建
筑及城市设计硕士（M.Arch., 1925），哥伦比亚大学研

究生院美术考古博士课程（1926—1927）。1924—1928年在 St. Paul、Minneapolis、Chicago、New York 等建筑师事务所做绘图员，1928 年（纽约）茂飞建筑公司（Murphy & Dana Architects）供职。1928 年回国，入清华校友（上海）庄俊建筑师事务所协助建筑设计，经清华校友庄俊、李锦沛介绍加入中国建筑师学会。1929—1930 与美国同学 E. S. J. Phillips 合办 上海 苏生洋行（E. Suenson & Co. Ltd.），1929 年 8 月获首都中央政治区图案竞赛佳作奖（与 Phillips 合作）。1930 年 7 月任上海市中心区域建设委员会顾问，兼建筑师办事处主任建筑师。1930 年 8 月（上海）董大酉建筑师事务所，有清华校友王华彬、哈雄文加入从业。中国建筑师学会书记（1931—1932）、会长（1933、1937），中国工程师学会正会员（建筑）。1934 年任（上海）京沪、沪杭甬铁路管理局顾问。1935 年任国货建筑材料展览会筹备委员会委员，并任审查委员会委员。1936 年任（上海）American University Club of Shanghai 会员，中国建筑展览会常务委员、陈列组主任。1937 年任广东省政府建筑顾问，广东省政府技正，曾计划江西、湖北、广东等省省会及汉口市等之行政区，与清华校友张光圻合办（上海）董（大酉）张（光圻）建筑师事务所。1944 年任上海特别市第一区公署工务处总务科长兼土地科长，1947年任南京市都市计划委员会委员兼计划处处长、主任建筑师。1951年任西北（公营）永茂建筑公司总工程师，1952年任西北建筑设计公司总工程师，1954年任西北建筑工程管理局总工程师，1955年任北京公用建筑设计院总工程师，1956年任城市建设部民用建筑设计院总工程师，1957年任天津民用建筑设计院总工程师，1963年任浙江省工业建筑设计院总工程师，1964年任杭州市建筑设计院顾问工程师。中国建筑学会第一（1953.10）、第二（1957.2）、第三（1961.12）届常务理事。作品有上海特别市中心区市政府新屋、市体育场、体育馆、游泳池、图书馆、博物馆、市医院及卫生试验所、中国航空协会陈列馆及会所、中国工程师学会工业材料试验所（工程师李铿）、京沪、沪杭甬铁路管理局大厦，西北体育场、第四军医大学及其附属医院、西安师范学院、西安政治干校、西安制革厂、天津市马场道干部俱乐部。

附1：《级友：董大酉》,《辛酉镜》, 1917 年 6 月 15 日, 28 页。

董大酉, 字长秋, 浙江杭县人。生一岁迁苏州, 就外大父家。明年外大父官武昌, 举家从之。又明年举家赴日本。六岁时入幼稚园, 七岁改庆应义塾寻常小学。善运动, 尤以棒球著。是时不习国文, 亦不解国语, 特一倭人耳。九岁自东京取道上海, 涉印度洋至荷兰, 乃习法语。明年至义【意】大利, 始学国文。清【宣】统元年, 遍游法德比瑞诸都会及著【名】城镇, 秋至义之拿波里, 乘舟返国。居杭县, 时年十有三也。明年正月肄业仁和高等小学。时识字数甚仅, 尚不能缀文语。顾聪明逾恒, 所授无不立晓, 于时学日进。明年徙湖州, 遂考入府中学一年级。洎革命起, 避地上海。民国元年正月入圣约翰大学（按：原文, 疑为中学）, 课余惟喜击球。五月随父来京师, 六月考入北京高等师范附属中学, 二年秋, 始入本校辛酉级。居恒不喜苦读, 沉静寡言笑, 交接甚稀。好运动, 为本校棒球、足球及网球队员。任事亦勇毅, 历为《清华学报》及《年报》襄理, 成绩卓然可观。

附2：《京沪会际网球业余中国今日续行交锋》，《时事新报》，1933年9月9日，第三张第四版。

京沪会际网球赛业余对中国，前在首都比成平局，足见势均力敌。兹悉业余队已于昨晚来沪，与中国会作最后之胜负解决。唐生智所赠银杯，亦在此一战血定得失。今日下午三时半，在哈同路中国会球场开始交锋。左列中国会球员，希于三时正到场应战。名单如下：周冠军、孙麟方、郑自荣、张廷钊、蔡国基、王叔庆、董大酉、秦振鹏、陈亦、陶亭耀、卢民尊、祝隆意、黄元远、刘崇本。

附3：《中航机失事后救起八人抵港，失踪三人尚无下落》《东南日报》，1937年8月10日，第一张第三版。

（中央九日香港电）中航机浙江号搭客董大酉等七人及机长史密斯，九日晨安全返抵港。失踪三人尚无下落。

（中央九日广州电）中航失事机乘客七人及机师史密斯，九日晨抵港。建筑师董大酉于抵港后，即与广州友人通话，报告本人平安。据云，仅粤士敏土厂黄壇（按：当为檀）甫、机师史密斯，及另一乘客受轻伤。余均无恙。

附 4：陈从周,《董大酉先生生平》,《梓室余墨》,《陈从周全集》, 第 12 卷（南京：江苏文艺出版社, 2013 年）, 326 页。

董大酉先生于一九七三年十月三日患肺癌病逝杭州, 遗一子, 仅弱冠。董为吾乡董恂士子, 恂士曾任北洋政府教育部次长, 殁于任中, 鲁迅时任职教部, 曾往吊唁, 并致奠金, 见《鲁迅日记》。其外祖钱恂（念劬）, 玄同长兄也, 清季任驻法公使, 民初任浙江图书馆馆长, 整理文澜阁四库全书用力至勤, 于浙江文化有功。大酉由清华学堂留美, 归国后在沪设建筑师事务所, 哈雄文、陈登鳌皆出其门。其主持之设计, 有上海旧市中规划及诸建筑, 为著世者。其余主持南京市规划, 一度西安及天津设计院。晚归湖上, 曾究心美学研究。殁年七十五岁。董先生与余属乡谊, 忘年交二十年。书此数语, 聊志哀思。

佚文：董大酉，《留美通信》（节选），《清华周刊》，第 254 期，1922 年 10 月 14 日，24-26 页。

留美通信

董大酉

（上略）天气炎热，能到清凉之地避暑，于身心均有莫大益处。且足迹多到一处，脑中即多添一种见识。欧美人最重夏日旅行，游历所得，较读书为有价值，未知中国人何日能明白此义。

游水网球，不可不学，不可不精。此间避暑之地，无非以此两事消遣，若能精于此道，即可多识朋友，美人最注重品性（Character）及艺能（Accomplishments）终日伏案之书蠹，无人理也。盖有魄力能办事之人才，无有不活泼灵敏坚忍者。美人所崇拜者，此种精神，故其所成功之事业，亦伟大也。吾愿清华朋友，均本此宗旨做人，则必有所树建也。

余在此常看电影。园内之布置设备，均目所未见，耳所未闻。昨日看一悲剧，系 Featuring Bessie Love 片名《Forget Me Not》情节悲惨，音乐与剧中情节相应，观者肃静无声，惟有以手巾擦眼泪者。余久不哭矣，然昨不知不觉，堕下不少眼泪，考该剧所以动人之处有三：

（1）该片本系佳作，（2）音乐配得合宜，（3）观客Sympathetic。园中无休息时，长片均系连在一起。"Part I""To be continued"等字均裁去。音乐至少有二十人（原文）。招待员均着特别制服，那【哪】里看得出是自食其力的平常女子？种种尽美尽善，难以言述。况Minneapolis乃美国二等城耳，若纽约芝加哥更不知好几倍。

关于来美游学种种预备，待君等来时，详细奉告。余此次有种种感触及经验，拟大发挥一下，然现非其时。

总之将来要成功，学生时代得乐趣，终身快乐，非注意下列三事不可：

（一）品格　品格宜高，即"自尊"之意。人能自尊，则所行所为，自不出正轨也。

（二）技艺　中国老学究，最看不起技艺，以为此乃下等人所为。不知现在世界，非有技艺不可，有技艺之人，即易与人聊络。

（三）朋友　凡人自儿童时代至青年时代，即知朋友之必要，而交友之时期，非儿童时代，非成人进代，乃青年时代也。君等在清华，宜注意交友，有品格，（即自尊），有志趣，不为流俗所引诱，而富于精神者，宜交为友，其利益自当见于将来。若此时不注意及此，到美后举目无亲，悔之晚矣！

美国惊人之事，笔难尽述。即就余到此后所见，略举一二：

（一）房屋可以迁移，日前见马路上有屋一所，大为诧异，后乃知此屋方在迁移也。闻十余层之洋房，亦可以移，人在内办公如常，亦不觉屋之动也。

（二）路上不见巡警，惟大街角上，时见一二。然居户夜间可不关门，路上从不见口角斗殴，汽车相撞，各以住址相告，即各回家，有事自有公堂解决，无需自相争攘也。清华学生以为美人均崇拜"筋肉主义"乃大错。

（三）事事用机器，即造屋掘地亦然。极大地面，作工者仅数人，与中国之苦力如蚁，相去远矣。

（四）人人自食其力，无上下等之阶级。学生大半于暑假作工赚钱，开学后读书。其工作不定，有当车站搬行李者，有赴煤矿作苦工者，有在饭店当侍者，有赴人家扫地者，工毕回来，仍带女朋友看戏跳舞，毫不为奇也。

女子亦作工。美人心理，以为成人后再用父母之钱为可耻，即有钱之子弟，亦出外自谋生计，自筹教育费，此系彼等精神，见吾等月领官费，并不羡慕，反笑吾等终日游荡，无所事事。彼等天性好动情愿作苦工一日，将所得钱快活一夜。明日再如此。学生大半浪费，（一有女朋友不得不如此）而无欠借者，以能自赚钱故也。有此等精神，所以国富民裕，中国学生在此，既不做事，亦不费钱。（下略）

方

来（1921）

來　方

图片来源：《清华周刊一辛酉镜》，1917 年 6 月 15 日。

方来（字孟晋，1900—1922），江苏武进（今常州）人。清华学校毕业（1921），同年赴纽约大学学习商科，次年转入宾夕法尼亚大学建筑系，不幸早逝。在清华期间，曾在 1915 年以德育获清华学校"铜墨盒奖"，以智育"画图"获名誉奖。著有《清华教育底特点》（《清华周刊》216 期，1921 年 4 月 15 日）。

郭殿邦（1921）

邦 殿 郭

图片来源：《清华周刊—辛酉镜》，
1917年6月15日。

郭殿邦（？—？），江苏江阴人。清华学校毕业（1921），
麻省理工学院土木工程学士（1924），获哈佛大学建筑
硕士（1926）。后任（费城）Modjeski, Masters &
Chase 事务所工程师。在清华学校期间曾为"少年歌咏团"
团员。

27

杨廷宝（1921）

寶 廷 楊

图片来源:《清华周刊一辛酉镜》，
1917 年 6 月 15 日。

杨廷宝（字仁辉，Yang, Ting-Pao, 1901.10.2—1982.12.23），
河南南阳人。（河南开封）留学欧美预备学校（1912—
1915），清华学校（1915—1921），在校期间任《清华午
报》社美术副编辑及孔教会图画书记、清华拳术队队员
（1917）。宾夕法尼亚大学（U. Penn）建筑系学士（1921—
1924.2.16）、 硕 士（1925.2.14）， 获 Emerson Prize
Competition 一 等 奖、Municipal Art Society Prize

Competition 一等奖（1924）、Warren Prize（1924—1925）。费城爱华建筑工程司见习工程司，费城Paul P. Cret建筑师事务所实习两年，1926—1927年游历英、法、比、德、意、瑞士，考察建筑。1927年回国，入清华校友关颂声、朱彬的基泰工程司，成为第三合伙人及总建筑师。同年10月17—22日在上海China Society of Science and Arts举办素描展。1930年6月经刘敦桢、卢树森介绍加入中国建筑师学会，1935—1937年任中国营造学社社员。1939年加入基泰重庆所，兼任中央大学、重庆大学建筑工程系教授（1940）。1942年任（重庆）第三次全国美术展览会筹备委员。1944—1945年赴美、加、英国考察建筑。中国建筑师学会理事（1946.10.5，上海；1948.7，南京）。南京大学建筑系主任（1949），南京工学院建筑工程系主任（1952）、副院长（1959）、兼建筑研究所所长（1979）。北京市兴业投资公司设计部顾问（1950—1952），中国科学院技术科学部学部委员（1955），中国建筑学会第一（1953.10）、第二（1957.2）、第三（1961.12）、第四（1966.3）届副理事长，第五届（1980.10）理事长，江苏省副省长（1979）。《中国大百科全书·建筑、园林、城市规划》编委会主任。作品有（沈阳）京奉铁路总站、少帅府、同泽女子中学、东北大学总体规划、图书馆、文法科课堂楼、化学馆、运动场、体育馆，（天津）天津基泰大楼，（北京）清华大学总体规划、生物馆、气象台、图书馆扩建工程、学生宿舍明斋、交通银行，（南京）谭延闿墓、中央体育场、中央医院、金陵大学图书馆、紫金山天文台、中央研究院地质研究所、中山陵园音乐台、中央党史史料陈列馆、中央研究院社会科学研究所、中央通讯社大楼、大华大戏院、新生俱乐部、延晖馆，（上海）聚兴诚银行，（重庆）美丰银行、嘉陵新村国际联欢社、圆庐、农民银行、林森墓园等。1949年后设计（北京）和平宾馆、王府井百货大楼，（南京）民航候机楼、华东航空学院校园规划及主楼设计（与刘光华合作）、南京工学院校园中心区规划及校舍扩建，在人民英雄纪念碑、人民大会堂、毛主席纪念堂、北京图书馆等重要建筑设计中都作出贡献，并指导南京长江大桥桥头堡、雨花台烈士纪念馆、北京火车站等工程设计。

附1:《级友：杨廷宝》,《辛酉镜》,1917年6月15日,32–33页。

杨廷宝，字仁辉，河南南阳人。幼无兄弟，惸惸独居。是以孤静成性。稍长，寝疾经年，故体弱甚。尝肄业邑之小学，好嬉游，课程多不及格。未几，辛亥变作，举家避难迁他乡，流离颠沛。廷宝始惕于事变，恍然知向学。次年秋，海内初定，从戚某走开封，跋涉山野，备极困顿。旋入河南留学欧美预备学校。钻坚挲微，三载如一日，学乃大进。四年秋以咨送来本校，入三年级，居校谨言行，勤诵读，汪汪轨度，有文雅风。试英文辄列前茅。好拳术，本年校中比赛拳术，廷宝击剑获第二。尤嗜丹青，作山水人物，惟妙惟肖。尝得本校图画奖。现任《清华年报》图画副编辑及孔教会图画书记。

附2:《有关杨廷宝留学时期生活的'新闻'》,《清华周刊》,339期,1925年3月13日,39页。

杨廷宝（1921）M. in Arch. 此地同学中老杨是数一数二的富翁。他虽是个建筑学生，不是经济学家，但他的图样一出总是"洛阳纸贵"，夺来不少奖金。在清华时，忘不了老杨的拳术。在此地，却见他剑舞梨花。锦绣的衣裳，配着红巾、黑皂鞋，在树叶深丛，五色电光下，几辨不出1921级的老杨。（椿）

附3：《中国学生获得佳誉：宾夕法尼亚大学艺术学院院长称他是最杰出的学生之一，一个不喜欢吃米饭的小伙子》（"Chinese Student Gets High Honor, Dean of Fine Arts School at Penn Calls Him One of Most Brilliant, Boy Dislikes Rice" *The Evening Bulletin*, Feb. 9, 1925）。

杨廷宝，23岁，宾夕法尼亚大学的中国学生，下周六即将在毕业典礼上获得硕士学位。他是学校的艺术学院近年来最出色的学生。

"杨是该校最杰出的学生之一"，院长赖亚德博士说。学校的权威人士也说，他赢得的个人奖项之多超过了多年来学院的任何人。

然而，杨绝不是一个死读书的人。他的活力和他乐于帮助低班同学的品行使他在校园里获得很多朋友。他并没有因成绩而骄傲。

建筑师的课程要求有比学校几乎所有其他课程更多的准备时间。许多学生说，他们在交图前夜都不得不开夜车。但是杨不这样。他的工作非常按部就班。

"我的睡眠时间总有八小时"，杨说，"我最晚干到凌晨三点。每天按定量做一点工作，我就可以很好地把事情做完。我乐于做我的事，喜欢在周日的下午去写生风景"。

"大米并不是我最爱吃的。美国人认为大米是中国人的主食其实并不对。许多在美国人去过最多的地方的人都吃米，但是在我的家乡河南南阳，吃大米的人很少。"

杨是学校三个荣誉社团的会员。这三个社团是建筑师的荣誉社团（Tau Sigma Delta），科学成就荣誉兄弟会（Sigma Xi）和建筑社（the Architectural Society）。他还是建筑社的秘书。

在他最近获得的奖项中有市艺术奖（the Municipal Art Prize）、爱默生奖（the Emerson Prize）和沃伦奖（the Warren Prize），都是今年纽约的布扎学会（the Beaux Arts Society of New York）颁发的。他毕业于北京清华

学校，以高级班的成绩进入宾大。一年前他获得了建筑学的学士学位。(赖德霖译)

附4（佚文）:《英兵侵藏之质问》(节选，文中楷体字为杨廷宝1924年3月31日信引文),（北京）《益世报》,1924年5月22日，第3版。

英兵侵藏消息传来后，各方对此，极为注意，闻参院议员陈铭鉴，昨向政府提出质问，如下:"为质问事，本年五月四日，接河南留美学生杨廷宝，于三月三十一日自美国费城潘省大学来函称:

'校中古物陈列所有人演说西藏之风俗人情，直谓该区为独立国家，界乎中国与英属印度之间。闻之异常诧异。西藏向为我国藩属，又为组织民国五族之一，外人何以遽出此言？岂英人虎视狼食，宁造言惑世，以冀遂其兼并之野心耶？吾国人似不可不于西藏问题，特加注意'等语。"

此函到后，未数日各报纷载，英兵侵入西藏之警耗。参众两院复接川边人民来电报告，英兵迫令藏人改用英语云云。

恶耗（原文）传来，全国震骇，究竟政府，对于英兵侵藏，及迫令藏人用英语之事，有无闻知，如何应付，此应质问者一。西藏为我国完全领土，中央理应慎选适宜之人，派为西藏办事长官，俾令实行驻藏，力谋中藏感情之融合，祛隔阂而固疆圉，乃自改革之际，以驻藏军队变乱，官民被遣出境以后，迄今十有余年，政府何以不与西藏达赖喇嘛速谋妥协，仍令办事长官入藏，藉资联络乎？此应质问者二。诗云，"兄弟阋于墙，外御其侮"，言对外必须一致也。今外蒙西藏噩耗频传，正举国一致对外之时，而环顾国内，干戈扰攘，迄无宁岁，只知内讧，罔恤外患，抑何昧于对外之义耶？究竟政府对于英人谋藏之举，已否调查的确，通告全国，俾各军民长官，咸知警（？）觉，以唤起其息争御侮之心，此应质问者三。中英两国，关于藏事之悬案，共有几（？）种，政府此后对于解决中英悬案，具何方针，有无计划，此应质问者四十（原文）。议员等为拥护民权，重视领土起见，隐依宪法第六十七条，及议院法第四十条之规定，提出质问书，希政府于七日内逐条答复。提出者陈铭鉴，连（原文）署者黄元操等二十余人。

附 5:《写生画展览，地点在北京美术院》，《益世报》，1927 年 10 月 12 日。

有杨廷宝者，新由英、法、比、德、瑞士、义【意】大利诸国，游历归来，将其平日所有水彩写生画作品，于本月十七日至二十二日，假东城报房胡同北京美术院展览。不收入场券费。闻杨为汴人，民国十年夏毕业清华学校后，游学美国本薛文尼亚大学建筑美术科，屡获各校图案比赛头奖。素嗜丹青，写生尤巧。届期前往参观者，当必踊跃云。

附 6:《杨廷宝水彩画展览》，《晨报》，1927 年 10 月 18 日。

杨廷宝将在京展览水彩画成绩，已志前报。兹闻此项展览，已于昨日起，在报房胡同北京美术院举行每日上午十时至下午六时，任人参观，并无入场券等限制。一般人对杨作品，均极赞美，尤以用色之清洁一点，最为优异云。

杨廷宝为母校设计校舍，1930—1931 年
上图：清华大学图书馆加建立面效果图
下图：生物馆立面效果图
图片来源：东南大学建筑系、建筑研究所
编.杨廷宝建筑设计作品选 [M].北京：中
国建筑工业出版社，2001：37，42.

本與江蘇省教育會次

民國十二年八月三日
午後五時半江蘇
省教育會籃球中
國學生會兩團體
歡送清華學生

清华留美学生合影，
1923年8月2日。四排
右2，穿深色西装戴领结
者似为陈植
图片来源:《寰球中国
学生会年鉴》，第2期，
1923年10月，32页。

學生全體攝影 (一)

吳大鈞　李迪俊　吳錦銓　王國華　謝奮程　袁名與　楊傑　陳植　吳士棟

學生全體攝影 (二)

吳國華　吳之松　萬卓畹　吳卓　壬宗渶　梁治華　吳崇超　冼大瑤　宗賢俊

清華學校本屆遊美

周思信　王繩祖　全增嘏　陳菶　劉夔章　方重　王化成　江元仁

清華學校本屆遊美

雨敏恆　王書麟　陳選善　潘敏　彭謙　孫清波　施嘉煬　劉錫嘏

1923 年 8 月清华留美学生合影
（一）右 1 江元仁，右 6 全增嘏，右 10 陈植
（二）左 5 徐宗涑，左 6 梁治华
（四）左 8 梁思成
图片来源：《寰球中国学生会周刊》，第 115 期，
1923 年 8 月 11 日，5 版。

王世富　閔啓傑　訶文炳　沈培民　嚴之衡　於德仁　張治中　蘆斯民　孫福麟

黃異生　辛文錡　徐仁銑　孫成璜　邛立茂　沈麟玉　吳去非　梁思成

安紹芸　麥健曾　劉維聽　吳文藻　翟桓　陳肇彰　邱廣　普施澤　譚廣德　張鈺哲

顧毓琇　李先聞　孔繁祁　張忠紱　葛益熾　周傳璟　段茂瀾　應尚能

215

28

陈植（1923）

植　　陳

图片来源：《癸亥级刊》，1919 年 6 月，23 页。

陈植（字直生，Chen, Benjamin Chih, 1902.11.16—2002.3.20），浙江杭州人。清华学校毕业（1915—1923），曾入学校唱歌团。宾夕法尼亚大学建筑系学士（B.S., B.Arch., 1923—1927.2.12）、硕士（M.A., 1928.6.20），1926 年 获 The Walter Cope Memorial Prize 一等奖。在美国实习两年后回国，1929 年 8 月入清华校友梁思成创立的东北大学建筑系教设计，并和同

来任教的校友合办（沈阳）梁（思成）陈（植）童（寯）蔡（方荫）营造事务所［前身为梁（思成）林（徽因）陈（植）张（润田）建筑师事务所］三年。1931年4月离开东北大学赴沪，与清华校友赵深合办事务所，经清华校友赵深、董大酉介绍加入中国建筑师学会。1933年1月—1951年9月童寯加入合伙，改名华盖建筑事务所。中国营造学社参校（1930—1934）、社员（1935—1937）、中国工程师学会正会员（1934）。1938年8月—1939年8月任（上海）私立之江文理学院建筑工程系兼任教授；1940年8月—1945年为专任教授。中国建筑师学会宣传委员会主任（1946.10.5，上海）、候补理事、出版及学术委员会主任（1948.7）。1949年8月—1952年任（上海）私立之江大学建筑工程系系主任，1951年9月—1952年5月华盖合入（上海）联合顾问建筑师工程师事务所，1952年7月—1955年4月任华东建筑公司（后华东建筑设计院）总工程师，1955—1957年任上海市规划管理局副局长兼总建筑师，1957年8月—1982年9月任上海民用建筑设计院院长兼总建筑师，1958—1960年任上海市基本建设委员会委员，建设委员会顾问（1982）。中国建筑学会第一（1953.10）、第二（1957.2）、第三（1961.12）、第四（1966.3）届常务理事，第五届

（1980.10）副理事长，第六（1983.11）、第七（1987.12）、第八（1992.3）、第九（1996.11）、第十（2000.11）届顾问。作品有（上海）恒利银行、交通银行办公大楼、大华大戏院（今新华电影院）、浙江兴业银行、叶揆初合众图书馆等，1949年后上海中苏友好大厦（上海展览馆，合作设计）、鲁迅墓、鲁迅纪念馆、上海杂技场、苏丹友谊厅、上海国际海员俱乐部等。

附1：《有关陈植留学时期生活的"新闻"》，《清华周刊》，339期，1925年3月13日，41页。

陈植（1923）他倒是个善男子，一片婆心——希望大家发财，盖新屋。建筑家的功课，本来就不容易，去年又入本校乐歌团，更见其难了。这一来，穿起燕尾服、白领结、白衬衣，配上黑亮的皮鞋，真个"写意"。（椿）

附2：《中华教育改进社通信：郭秉文报告费城博览会中国教育展览情形》，《民国日报》，1926年10月24日，第4版。

……九、陈列所建筑之注意。委员会中国教育陈列所之建筑宜富有中国艺术上之特彩，故特请在费城本薛文义大学（按：即University of Pennsylvania）研究建筑及美术之以（原文）中国学生陈植、杨定（廷）宝、梁思成三君及林徽音女士担任各种建筑上及装潢上之意匠并嘱承揽工作者，特别注意，务使诚（识）者一望而知为中国式之建筑物，所用色彩及绘画，亦颇庄严秀媚，足以表现中国建筑上之特色。至醒狮两尊，巍峙门首，寓意深远，至可玩味，尤为一般观客所称道。

陈植在（上海）私立之江文理学院建筑工程系任教，给学生改图
图片来源：之江大学年刊（民国三十年）[M].上海之江大学编印，1941.

29

梁思成（1923级，1924年赴美）

成思梁

图片来源：《癸亥级刊》，1919年6月，22页。

梁思成（Liang, Ssu Cheng，梁启超子，林徽因夫，1901.4.20—1972.1.9），广东新会人，生于东京。清华学校毕业（1915—1924），在校期间曾任中等科国文班一乙班班长（1916）、美术设干事（1920），铜乐队、合唱队队员（1921）。宾夕法尼亚大学（U. Penn）建筑系学士（1924—1927.2.12）、硕士（1927.6.15），哈佛大学研究院建筑及美术史（1927.9—1928.2）。留美期间获

Holder of Schlarship in architecture. Sigma Xi, Tau Sigma Delta、The Walter Cope Memorial Prize 名誉奖（1926）、斯培德·布鲁克建筑设计金奖（Spayd Brook Gold Medal）、南北美洲市政建筑设计联合展览会特等奖章（1927），任英美市政建筑荣誉学会会员，1925—1927（每年6—10月）美国费城市政设计技术委员会克雷（即Paul Cret）建筑师事务所绘图设计员。1925年1月与林徽因和闻一多、余上沅、梁实秋、顾毓琇、瞿世英、张嘉铸、熊佛西、熊正瑾等成立"中华戏剧改进社"。1928年与林徽因结婚游历欧洲回国，创立（沈阳）东北大学建筑工程系，任主任、教授（1928.9—1931.6），并邀请清华校友陈植、蔡方荫、童寯来系执教，合办（沈阳）梁（思成）陈（植）童（寯）蔡（方荫）营造事务所［前身为梁（思成）林（徽因）陈（植）张（润田）建筑师事务所］三年，任吉林大学建筑总设计师。1930年与清华校友张锐合著《天津特别市物质建设方案》，任（北平）中国营造学社参校（1930），法式部主任（1931.9），合办（北平）梁思成、林徽因建筑师事务所。1931年3月经清华校友赵深、董大酉介绍加入中国建筑师学会。任北京大学建筑历史讲师（1932—1933），清华大学建筑学讲师（1933—1934），（南京）中央博物馆建筑委员会委员、中央古迹保护委员会建筑专家组成员、（北平）国立古都历史修复委员会成员兼技术专家、故宫博物院通讯专门委员（1934）。1935年拟订《国立中央博物院建筑委员会征选建筑图案章程》，9月2—4日参加方案评选。1936年任中国建筑展览会常务委员，4月13日主讲"中国建筑之结构"。四川省古迹保护委员会成员、中国建筑师学会重庆分会会员（1939），（重庆）第三次全国美术展览会筹备委员（1942），中国战区文化设施保护委员会副主任（1945—1946）。1946年任清华大学营建系（后建筑工程系）主任、建筑研究所所长。1946年10月—1947年8月赴美耶鲁大学讲学，同时任联合国总部大厦建筑师顾问团中国代表，获普林斯顿大学荣誉文学博士学位。任中央研究院院士（1948.9）、北平都市计划委员会副主任、北京市建设委员会副主任（1949.5.22）。1949年8月任中华人民共和国国旗国徽初选委员会顾问，并领导清华大学营建系国会设计组，所作方案获中央人民政府采纳。1953年创办《建筑学报》。任中国建筑学会第一（1953.10）、第二（1957.2）、第三（1961.12）、第四（1966.3）届副理事长，中国科学院技术科学部学部委员（1955）。作品有（吉林）吉林大学礼堂、图书馆（与陈植、童寯、蔡方荫合作），（北平）仁立地毯公司铺面改造、北京大学地质馆、女生宿舍（以上与林徽因合作），（南京）中央博物院设计（顾问，与兴业建筑师事务所合作），1949年后设计天安门广场人民英雄纪念碑、扬州鉴真纪念堂等。著作有《清式营造则例》（中国营造学社，1934）；《营造法式注释（卷上）》（中国建筑工业出版社，1983）；*A Pictorial History of Chinese Architecture*（M.I.T Press，1984）等，收录于《梁思成全集》（中国建筑工业出版社，2001）。

附 1：陈植，《缅怀思成兄》，《梁思成先生诞辰八十五周年纪念文集》，（北京）清华大学出版社，1986 年 10 月，（节选）1-2 页。

思成兄肖牛，长我一岁。我曾告他：你牛劲十足，可以冲锋陷阵；我生于午刻，虎正酣睡，威力尽失。思成兄终于冲锋陷阵，驰名于国内外建筑界。1915 年我与他同入清华学校，因梁任公丈与我父亲、我叔友谊颇深，我与他亦即一见如故，在当时中等科（清华学校分中等科、高等科，学制各四年）同班级又同寝室。他性格爽直，精力充沛，风趣幽默，与我意气相投，成为知己。

在清华的八年中，思成兄显示出多方面的才能，善于钢笔画，构思简洁，用笔或劲练或潇洒，曾在 1922—1923 年《清华年报》任美术编辑；酷爱音乐，与其弟思永及黄自等四五人向张蔼贞女士（何林一夫人）学钢琴，他还向菲律宾人范鲁索（Veloso）学小提琴。在课余孜孜不倦地学奏两种乐器是相当艰苦的，他则引以为乐。约在 1918 年，清华成立管乐队，由荷兰人海门斯（Hymens）任指挥，1919 年思成兄任队长。他吹第一小号，亦擅长短笛。当时北京学校中设乐队的，清华是首屈一指。记忆所及，在乐队演奏的有吴去非、应尚能、黄自、汤佩松、梁思永、谢启泰（即章汉夫）、张锐、周自安、梁思忠等卅人左右，我亦曾滥竽其间。此外，思成兄还与同班的吴文藻、徐宗涑共四人将威尔斯的《世界史纲》译成中文，由商务印书馆出版。

建筑是无声的音乐，两者气息相通，有主调，有韵律，有节奏，有起伏。思成兄在音乐方面的修养，绘画方面的基础，可能促使他在1923年清华毕业之前选择建筑作为专业。当时，清华1918级的朱彬，1919级的赵深，1921级的杨廷宝已在宾夕法尼亚大学专攻建筑，朱彬即将返国。经思成兄的鼓励，我欣然接受了他的建议同往费城就学。不幸的是当年春他遭车祸腿部骨折，推迟一年出国。1924年他与已订婚的徽因姊（徽因实际上少我两岁）同入宾夕法尼亚大学，思成习建筑，徽因入美术系，选修建筑课程。毕业时他俩分别获建筑硕士、美术学士学位。

附 2：《清华周刊》第 282 期（1923 年 5 月 18 日）
有关梁思成遭遇车祸的报道：

"大一同学梁思成君于上星期一偕乃弟思永乘自动车进城，为先期参与五七（按：国耻纪念日）游行。车行至南池子出口处，北面突来一汽车，乘者为现陆军次长金永炎，司机生见有势可恃，毫不关心，遂横冲而过，致将梁君思成之腿撞断，全车倾覆，梁君当时不省人事，其弟亦负重伤，为状至惨！汽车肇祸后，复长驱而去，梁君思永负伤奔回家中，（幸离家不远）言后亦扑地昏去，其家人始设法将两君舁至协和医院云。梁君思永因负伤较轻，故数日后即勉强来校受【授】课。至其兄思成，则甚费手术，闻非两三月不能告愈云。"（22-23 页）

附3:《时报》，1924年4月20日，第四张。

"北京大学英文系主任陈西滢，清华学校教授张欣海，徐志摩，梁思成与林徽音士女（女士）数人现拟排演名剧，欢迎泰戈尔。"

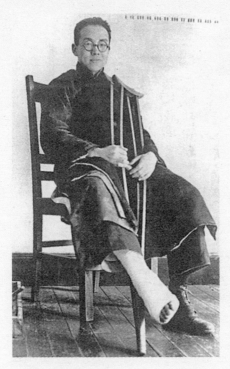

梁思成遭车祸腿部骨折，1923年
图片来源：Wilma Fairbank. Liang and Lin, Partners in Exploring China's Architectural Past[M]. Philadelphia：U. Penn Press, 1994.

梁思成所绘《清华年报》
插图
图片来源：林洙.梁思成、
林徽因与我 [M].北京：中
国青年出版社，2011：38.

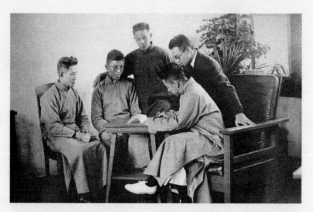

梁思成（右侧戴眼镜者）与在清华学校就读的同学在讨论问题，1920 年代。
左 2 为周培源，左 3 为孙立人
图片来源：梁实秋.清华八年 [N].看点快报，2019-9-20，https：//
kuaibao.qq.com/s/20190920A006OF00?refer=spider.

附 4：《梁启超之子赴美留学，偕其未婚妻昨日离沪》，《申报》，1924 年 6 月 17 日。

梁任公之子思成君偕林长民及林之女公子（思成之未婚妻）于日前抵沪，寓大东旅社。梁林二君此次南下，系为赴美留学。昨日下午三时梁君与林女士在海关码头乘小轮赴淞，到码头欢迎者有林长民君等多人。两君系乘昌兴公司之亚洲皇后号船赴美，预定先赴纽约，然后入美大学，专考文学。前日下午六时，有亲友多人，在大东旅社为梁君及林女士饯别。闻该两君当夜即必须启椗云。

附 5：《有关梁思成留学时期生活的"新闻"》，《清华周刊》，339 期，1925 年 3 月 13 日。

梁思成（1923）阿成在此方半年，对于建筑学大有兴趣，因此老同学见面时很少。去夏他同林徽音小姐从西雅图上岸后，即直入康乃【奈】尔暑期学校。绮城（按：即康奈尔大学所在地 Ithaca）山明水丽，有玉人点缀其间，毕竟是世外桃源。秋间来此，同在本校读书，成绩优美。（椿）

附 6:《中央社纽约十三日专电》,《时事新报》, 1947
年 6 月 16 日。

此间（按：纽约）市博物院，刻展览中国古代建筑之照
片。所摄建筑物有远至十一世纪者。此次展览将中国古
代建筑之种种形式以及雕刻细节包罗无遗，且有图表说
明建筑之内部设计。所摄取之建筑物内，有庙宇、宝塔、
佛洞以及少数普通建筑等。据悉：所有展览照片，均系
偕自中国建筑研究所者（按：当指中国营造学社），该
所为刻任联合国总部设计咨询委员之梁思成氏所主持。
该所最闻名发现之一，即山西之佛光寺。该寺建于公元
八百五十七年。另一即河北之陀罗寺。该寺建于梁朝，
约在公元九百八十年左右。一般认为佛光寺为中国目前
所存历史最悠久之建筑物。

附 7：张中行，《红楼点滴一》，《负暄琐话》，（哈尔滨）黑龙江人民出版社，1986 年。

记得是 1947 年或 1948 年，老友曹君来串门，说梁思成在北大讲中国建筑史，每次放映幻灯片，很有意思，他听了几次。下次是最后一次，讲杂建筑，应该去听听。到时候，我们去了。讲的是花园、桥、塔等等，记得幻灯片里有苏州木渎镇的某花园，小巧曲折，很美。两小时，讲完了，梁先生说："课讲完了，为了应酬公事，还得考一考吧？诸位说说怎么考好？"听课的有近二十人，没有一个人答话。梁先生又说："反正是应酬公事，怎么样都可以，说说吧。"还是没有人答话。梁先生象【像】是恍然大悟，于是说："那就先看看有几位是选课的吧。请选课的举手。"没有一个人举手。梁先生笑了，说："原来诸位都是旁听的，谢谢诸位捧场。"说着，向台下作了一个大揖。听讲的人报之以微笑，而散。我走出来，想到北京大学未改旧家风，心里觉得安慰。

1929年第14届华北运动会在沈阳东北大学体育场举办。图为《东北大学周刊（华北运动会特刊）》（第77期，1929年6月6日编辑，6月30日出版）的封面图案。背面启事说："封面系梁思成教授、林徽音教授合绘，特此志谢"

南京中央博物院透视图（兴业建筑师事务所设计，梁思成顾问，1935）
图片来源：Hsü，C.C.（徐敬直）. Chinese architecture：past and contemporary[M]. Hong Kong：Sin Poh Amalgamated（H.K.）Limited，1964：137.

30

林徽因（1924）

1920 年于伦敦
图片来源：梁从诫编．林徽因文集：建筑卷／文学卷 [M]．天津：百花文艺出版社，1999.

林徽因（原名：徽音，1935 年初改为"徽因"，Lin, Phyllis Whei-Yin，梁思成妻，1904.6.10—1955.4.1），福建闽侯人。（英）St. Mary's Collegiate School（1920—1921），（北京）培华女中，清华学校津贴生，宾夕法尼亚大学建筑美术学士，耶鲁大学戏剧学士（B.F.A.，1924—1927.2.17）。1925 年 1 月与梁思成和闻一多、余上沅、梁实秋、顾毓琇、瞿世英、张嘉铸、熊佛西、熊正瑾等成立中华戏剧改进社。1928年与梁思成结婚，游历欧洲回国，梁创立（沈阳）东北大学建筑工程系，林教授美术。与同来执教的清华校友合办（沈阳）梁（思成）林（徽因）陈（植）张（润田）建筑师事务所，及（北平）梁思成、林徽因建筑师事务所。1930年任中国营造学社参校，1932—1934年任校理，1935—1937年任社员。1931年3月经李锦沛、清华校友董大酉介绍，加入中国建筑师学会，1936年任中国建筑展览会陈列组主任，1936年5月实业部建筑科技师登记，任中国建筑师学会重庆分会会员。1946年起任清华大学营建系教授，讲授中国建筑史，并为研究生开设"住宅概说"专题课，1949年5月22日任北平市都市计划委员会委员。1950年参加中华人民共和国国徽设计，中国建筑师学会登记会员，兼任北京市都市计划委员会委员、工程师。1951年参加天安门广场及人民英雄纪念碑碑座纹饰和浮雕图案设计，调查研究景泰蓝生产工艺并设计新图案。任中国建筑学会第一届（1953.10）理事会理事、《建筑学报》编委、中国建筑研究委员会委员。1953年8月20日与薛子正、梁思成、华南圭、郑振铎、叶恭绰、朱兆雪、罗哲文参加由吴晗主持的关于北京文物建筑保护问题会议。作品有（北平）仁立地毯公司铺面改造、北京大学地质馆、女生宿舍（以上与梁思成合作），中南海怀仁堂装修工程。著作有《论中国建筑之几个特征》"《清式营造则例》绪论"、《中国建筑史》（辽、宋部分）、《现代住宅设计的参考》、《平郊建筑杂录》、《晋汾古建筑预查纪略》、《由天宁寺谈到建筑年代的鉴别问题》（以上与梁思成合著），《中国建筑发展的历史阶段》（与梁思成、莫宗江合著），《大同古建筑调查报告》（与梁思成、刘敦桢合著），《林徽因文集：建筑卷／文学卷》（梁从诫编，天津：百花文艺出版社，1999）。

附 1：五歌 :《梁林海外联婚之远因》,《公平报》, 1928 年 5 月 4 日。

"……梁（启超）子'思诚（原文）'与林（长民）女'徽因'近在加拿大已由世谊关系进而结鸿光之好。向平之愿既偿，则梁亦可以稍慰其故友于泉下矣。思诚与徽音自幼即耳鬓厮磨，过从甚密。及长又双双同赴北美某大学习土木工程科，以同砚故，益相爱慕。因于今春三月廿日，假加京中国领事馆举行结婚礼。是日除领事馆职员外，到场观礼者四十余人。华侨有谭锟（？）等。外宾有该地移民、农业两部长。证婚人为武色牧师，伴娘为梁思庄女士（即新郎之胞妹），伴郎为美国驻加副领事包钦。查梁启超此次虽不在场为其子主婚，但婚议实由梁向林妻提出，复经林妻允许者。故外间谓梁林联婚，泰半为父母之命，且肇因甚远云。"

附2：小可，《黄金国家之留学少年生活谈——徽音女士之游美心影录》（节选），《时报》，1928年5月25日。

梁林徽音女士近以蜜月旅行，偕新郎梁思成君，漫游欧洲各国，学诣之渊深，才识之超卓，梁氏夫妇可相匹敌。林为新港（New Haven）耶尔（Yale）大学毕业，梁为皋桥（Cambridge）哈佛（Harvard）大学毕业，二校声望，为新大陆各校之冠。程度最高，人才称盛，识者常比之为英国学术中心之牛津（Oxford）与皋桥（Cambridge）焉。徽音女士自奉殊俭，平日出游，喜着黄褐色tan（原文。按：即浅褐色）外褂，窈窕婀娜，略似顾黄惠兰夫人（按：黄为近代著名外交家顾维钧妻）。其共梁君留学美国时，各以专门之学获厚薪，每星期所得，在九十金上下。梁善宫室建置，林能为戏台布景。纽约华美Wanamaker号百货大店之陈设，多出林手。林谓若在戏台上布置室内之景，仅须将大件耀眼之物，约略罗列，此外零星细碎，尽可不必加入。但如墙上之钩，与案头之小品陈设，均须特制，使比原物略大，庶足令台上下之观众，能自远处望及之也。林述留美学生生活颇有趣，谓美国大学生活跃之势力，以兄弟会 Fraternity 为中心，兄弟城 Philadelphia 某大学，收容男女学生一万五千人，而兄弟会之团体，多至六十余种。新进大学后辈学生，未经入兄弟会以前，不独枯寂，且甚狼狈，必须尽全力以交结校中前辈老学生，庶可望被邀入会。但若其人一经入某会，即不能同时再为其他兄弟会之会员。故在入会之前，必须留意选择，对于各会，须具判别美恶之识力。总之入会如男女婚姻之结合，不可不万分审慎。

附 3：《天津剧团鸟瞰》，《华北日报》，1936 年 9 月 19 日。

……南开剧团是天津——亦可说是华北——历史最久的剧团。在组织、经济、人材各方面都是极完善充实和齐备的。他们演过的剧很多，最著名的有《新村正》《五奎桥》和去年上演的《财狂》（按：今译《悭吝人》）。《财狂》的作者是莫利哀。大规模的演出在中国还是第一次。那次他们所获的效果是很成功的。主角是万家宝君（曹禺【禺】），导演是张彭春君，舞台装饰是林徽因女士。他们每年公演一次。现在尚无动静。……

梁思成林徽因旅欧，1928 年
图片来源：梁思成先生诞辰八十五周年纪念文
集 [M]. 北京：清华大学出版社，1986：7.

1937年7月，梁思成、林徽因发现
唐代遗构山西五台山佛光寺大殿
对页图：林与施主宁公遇塑像合影
上图：梁拍摄佛光寺大殿
图片来源：林洙.梁思成、林徽因
与我[M].北京：中国青年出版社，
2011：173.

1936年9月天津南开剧团所演莫利哀名剧《财狂》(今译《悭吝人》)剧照。该剧舞美设计
由林徽因担任)
图片来源：梁从诫编.林徽因文集：建筑卷[M].天津：百花文艺出版社，1999.

甲子级　Class of 1924

清华甲子级同学毕业合影，其中应有黄家骒（1924年，北京清华学堂）
坐者：左1梅汝璈（法学家），左2李方桂（语言学家），左4黄自（音乐家），右1章友江（外贸专家章裕昌）
站一排：左1冀朝鼎（中国国际贸易开创者和领导人），左4施滉（革命烈士），左5胡敦元（外贸专家）

站倒数第二排：右5徐永瑛（新中国外交家）

站最后一排：右4周培源（物理学家），右5梁思永（考古学家）

图片来源：http://epaper.gmw.cn/wzb/html/2011-08/30/nw.D110000wzb_20110830_2-08.htm?div=-1

31

黄家骅（1924）

黄家骅（字道之，1903—1988.11.8），江苏嘉定人。清华学校毕业（1924），麻省理工学院建筑系学士（1927），哥伦比亚大学（Columbia U.，1930？），1929年进入（芝加哥）杜威尔迈次建筑事务所实习。1930年进入（上海）（英商）公和洋行任建筑师，经范文照、清华校友巫振英介绍加入中国建筑师学会，中国工程师学会正会员（建筑）。1932年起合办（上海）东亚建筑公司。1934年秋任（私立）

沪江大学商学院建筑科主任，1935年秋离沪辞职，1936年2月任重庆大学土木工程系教授，1937年任重庆大学建筑工程系教授，兼（重庆）中央大学建筑工程系教授。1939年自营（重庆、上海）大中建筑师事务所，任中央建筑师事务所建筑师。1943—1945年任重庆大学建筑系主任、中国工程函授学校校董（1943）。1944年9月任中国营造学社社员，1945年任中华营建研究会编辑委员会名誉编辑、中央信托局地产处建筑师。中国建筑师学会理事、建筑教育委员会主任（1946.10.5，上海；1948.7，南京）。1948年起任南京建筑技师工会理事、上海清华同学会基金委员会／会所委员会主席，自营（上海）黄家骅建筑师事务所。1949年2月—1950年任（私立）之江大学建筑工程系专任教授；1950—1952年任副系主任。1951年与哈雄文、刘光华合办（上海）文华建筑师事务所，1951年9月—1952年5月任（上海）联合顾问建筑师工程师事务所建筑师。后任同济大学建筑系教授，建筑构造教研室主任，并与庄秉权指导王凡琳、郑时龄、郭传铭等研究生（1978），兼任苏南工业专科学校教师。作品有重庆浮图关国民政府大会堂，参与指导同济大学大礼堂设计，同济大学学生饭厅（1961，合作）。著作有《沪江大学建筑系创建历程》（沪江大学校友会编《纪念册》，1986）；参加编撰《辞海》和《土木建筑工程辞典》（任副主编及建筑与建筑设计部分主编，1991年）。

附：《沪江大学商学院设建筑学科》,《时事新报》,1934年9月20日。

与中国建筑师学会合办沪大商学院对于推进职业教育，不遗余力。现鉴于建筑人才需要之殷，与中国建筑师学会合办建筑学科。闻该科已聘定黄家骅博士为主任。一切均已筹备就绪。准于本月二十二日开学。新生报名，异常踊跃云。

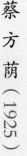

32

蔡方荫（1925）

图片来源：www.jxcn.cn/179/2003-6-24/30009@30726.htm

蔡方荫（字孟劬，1901.4.27—1963.12.13），江西南昌人。清华学校毕业（1925），在校期间任《清华周刊》总编辑及言论栏编辑主任（1924—1925）。麻省理工学院建筑工程学士（B.S.，1927）、土木工程硕士（M.S.，1928），留美期间任土木工程师学会通讯会员、Hoy Foundry E. Iron Works制图员（1929）、纽约Purdy and Henderson Co. 设计工程师（1930）。1930年入清华校友梁思成创立的东北大学建筑系，教授结构、画法几何和阴影学。1931年和同来任教的校友合办（沈阳）梁（思成）陈（植）童（寯）蔡（方荫）营造事务所［前身为梁（思成）林（徽因）陈（植）张（润田）建筑师事务所］。清华大学教授（1931—1939）、土木工程系主任（？—1935）、招考委员会委员（1936），中国工程师学会会员（1937），西南联合大学任教授、土木系主任（1938—1940），国立中正大学工学院院长兼土木系主任（1940—1949）。善后救济江西分署工业技正（1946）、工程室主任（1947），江西省会中山纪念堂建筑委员会委员（1946），南昌示范市政设计委员会委员（1946），中国工程师学会江西分会主席（1947），中央研究院院士（1947.10）。南昌大学工学院院长（1949—1951），中国土木工程学会发起人之一（1951），《土木工程学报》编委会主任、主编（1953）、《土木工程》编委会主任委员（1959）。重工业部兵工局总工程师（1951—1953），中国科学院技术科学部学部委员（1955），建筑工程部建筑科学研究院副院长兼总工程师（1956—1963）。中国土木工程学会第一届理事会（1953）常务理事、第二届理事会（1956）副理事长，第三届理事会（1962）常务理事。编著中国第一部土木工程专业结构力学教科书《普通结构学》（1946），主持"一五"计划国家重点建设项目的重型厂房设计。

附：九三学社网站关于蔡方荫的介绍摘录（www.93. gov.cn/suyc/lyys/caifangyin.htm）

在30—40年代，蔡方荫是当时工程教育界著名教授。在学术贡献方面，在工程结构力学的刚构分析研究方面，有独特的成就。在变截面刚构分析和桁架刚构分析方面，分析和总结了国内外常用一般刚构分析方面的各种"力矩一次分配法"，在以"杆端力矩"和"结点角变"为计算对象的两类方法的基础上，提出了更简化实用的"力矩一次分配法"。对分析变截面刚构所用的各种计算体系的挠曲常数，加以沟通整理，阐明其共性和内在联系以及换算关系，制成"变截面刚构分析挠曲常数换算表"；提出了计算变截面梁、柱的"Io/I图矩面积法"来计算各挠曲常数。在对横梁为桁架的刚构分析方面，采用了简便而切合实用的"柱顶力矩作用"和"桁架跨变影响"两项准则，简化地按一般刚构分析方法进行计算，能获得与"最小功法"和"冗力法"同样精确的结果。蔡方荫在1946年编著出版了中国第一部结构力学教科书——《普通结构学》（上、中、下三册），46万多字，附图607个，大表26个，是当时国内结构学方面的巨著，也是国内各大学土木系惟一的一本中文结构学教材。在土木、建筑结构的研究领域,还先后发表了《钣梁之理论与分析》《装配式楔形杆铰接框架》等专著和论文 40 余篇。《变截面刚构分析》荣获中国科学院 1956 年自然科学三等奖。在实际工程方面,他曾参加制定和审定许多重大基本建设项目的方案工作,并主持过中华人民共和国第一个五年计划的一批国家重点建设项目的重型厂房设计工作,将自己多年的研究成果加以应用和推广,取得了一定的技术经济效果。

佚文：蔡方荫，《蔡方荫君论减少大礼堂余音书》，《清华周刊》，第25卷第16期，1926年6月11日，979–980页。

蔡方荫君论减少大礼堂余音书

企孙先生阁下：顷阅周刊，悉校中已请先生研究大礼堂声音改良方法，远道闻之欣喜莫名！缘荫在麻工习建筑工程，近日正研究建筑声学也。荫前在母校觉大礼堂声音不佳，尝疑偌大建筑所费至二十余万之钜，建筑师于其声音之计算何至有如此之差误？迄今读 W. C. Sabine（哈佛已故物理教授）F. R. Watson（现 Illinois 大学物理教授）诸人关于建筑声学之著作，始恍然建筑师于计画母校大礼堂时，于其声音方面不但无精密之计算，抑且未尝丝毫注意及此。盖圆顶曲壁最易制成回声，砖石硬质最能延长余音（Reverberation），有一于此已非计，而吾校大礼堂乃兼而有之，则其中声音之不佳又何足怪？数年前 F. R. Watson 因欲改良 Illinois 大学大礼堂（亦系圆顶式，与吾校大礼堂极相似）之声音，曾费有六年之研究，并参以 Sabine 所得之结果。于改良之进行始渐有端倪，最后乃决定用毛毡遍遮四壁及圆顶，以吸收声浪而缩短余音，效果极佳。荫以吾校大礼堂之建筑及缺点，与 Illinois 大礼堂者极相仿佛，则改良之法似以用毛毡为最佳。他种方法如用 Sounding Board，升高地板毁去圆顶等，或效果不大，或不易寁（实）行，均非善法也。至用毛毡之法，则 Watson 所著 *Acoustics of Building* 一书述之最详。此书想先生早已见之，荫于此道颇饶兴趣，故不揣冒昧读呈如右，布鼓雷门，幸先生有以谅之。计此函到时校中已将暑假，先生之研究必有相当之结果，报告编成后尚乞以一份见赐，俾资参考，是为至盼！专此布达，顺颂教祉

并侯佳音

学弟蔡方荫顿首

五月四日晚

通信处（暑假期内）

Mr. F. Y. Tsai

MIT Dorm，

Cambridge，Ma s

U. S. A.

右书（按：原文竖排，这里指上下文）系本校毕业同学蔡君方荫自美寄来。信中所述减少大礼堂余音之方法，与企孙拟采用者相同。物理系同人现正在体育馆一小室中，试验京中毛毡铺所出之各种软毡，比较其吸收声音之能力，以供选择。此种实验，费时甚多，外面不静之时不能工作。读者从蔡君所言可以概见，本校同人幸勿讶企孙等进步之迟也。蔡君潜心科学，又关心于母校之问题，读其书不禁欣然。除另函蔡君请其在美协助外，敬以原书发表于周刊，本校同学想乐观之。叶企孙附记。

一九二六，六，四。

童
寯（1925-）

童寯在清华，1924 年
图片来源：张琴《长夜的独行者：童
寯 1963—1983》，上海：同济大学出
版社，2018 年，22 页。

童寯（字伯潜，Tung, Chuin, 1900.10.2—1983.3.28），
辽宁奉天人（今沈阳）。清华学校毕业（1921—1925），
在校期间任校美术设成员（1920），曾办个人画展，《清华
年报》社美术主编（1922—1925），赛艇队队员。宾夕法
尼亚大学（U. Penn）建筑系学士（1925.9—1928.2.18）、
硕士（1928.6.20），留美期间曾获全美大学生 Arthur
Spayed Brooke 设计竞赛二等奖（1927）、Arthur

Spayed Brooke 设计竞赛金奖（1928），费城本科尔建筑师事务所担任绘图员（1928.6—1929.5），纽约伊莱·康（Ely Kahn）建筑师事务所担任绘图员（1929.5—1930.4）。1930 年 5—8 月赴欧洲考察，1930 年 9 月入清华校友梁思成创立的东北大学建筑系教设计，并和同来任教的校友合办（沈阳）梁（思成）陈（植）童（寯）蔡（方荫）营造事务所 [前身为梁（思成）林（徽因）陈（植）张（润田）建筑师事务所]。1931 年 2 月任系主任，秋季开学不久，九一八事变发生，安排学生到上海借读大夏大学并复课，由清华校友执教，童、陈植继续教设计，江元仁教工程，赵深教营业规例、合同估价等课。1931 年 3 月经清华校友赵深、董大酉介绍加入中国建筑师学会，1933 年 1 月—1951 年 9 月加入清华校友赵深、陈植的事务所合伙，改名华盖建筑事务所。1936 年 4 月 16 日在中国建筑展览会主讲"现代建筑"，1938 年 5 月—1939 年冬赴重庆从事建筑设计工作，1939 年冬—1940 年春返回上海，1940 年春—1944 年建立华盖建筑事务所贵阳分所，并协助赵深昆明分所的工作，1945 年负责（上海）华盖建筑事务所在南京的工程项目。1944 年任中央大学建筑工程系教授、中国营造学社社员，1945 年任中华营建研究会编辑委员会名誉编辑，1948 年 7 月任中国建筑师学会候补理事（南京）。1951年9月—1952年5月华盖合入（上海）联合顾问建筑师工程师事务所，1952—1983年任南京工学院建筑系、建筑研究所教授，建筑设计院首任院长（1960）。中国建筑学会第二（1957.2）、第三（1961.12）届理事，《中国大百科全书·建筑、园林、城市规划》编委会副主任。作品有（南京）地质矿产陈列馆、金城银行住宅、高楼门公路总局办公楼，（上海）大上海大戏院、林肯路中国银行公寓，（贵阳）花溪贵筑县政府、贵州艺术馆、贵阳招待所、儿童图书馆、民众教育馆、湘雅村国立湘雅医学院讲堂及宿舍等。著作有《江南园林志》《童寯水彩画选》《童寯素描选集》《苏联建筑——兼述东欧现代建筑》《造园史纲》《日本近现代建筑》《新建筑与流派》《近百年西方建筑史》《东南园墅》等，收录于《童寯文集》（1、2、3、4卷，中国建筑工业出版社，2000、2001、2003、2006）。

修　身

兄弟二人同游公園

（一）

作兄跌而弟急扶之

（二）

兄起拾石乃投遠方

（三）

弟問其故兄曰恐再傷人也

（四）

商務印書館小學校用
寫繪贈本書三冊

童寯小学时（沈阳第一小学）发表的儿童画
图片来源：《儿童教育画》，第44期，上海：商务印书馆，1914年8月1日，无页码。

257

附:《本刊新闻》,《清华周刊》, 340 期, 1925 年 3 月 20 日, 23 页。

本刊封面图样, 寒假中曾条告征求, 美稿甚多, 选择上颇感困难; 经几番之详细考虑始选定童寯君之《木铎铜钟》。特此声明, 聊表谢忱。

佚文 1：童寯，《参观惠具利展览会记》，《清华周刊》，337 期，1925 年 2 月 27 日，65–68 页。

参观惠具利展览会记

童寯

地点——北京饭店　时间——二月二十日下午

惠具利 Charles Adolphe Egli 瑞士人，一九二〇年东来，居日本二年。前岁来华，在沪上承绘 Astor House 壁画；旋来北京，任美专教授。此次展览会百幅，半皆最近作品。会场占三室：油画与水彩各据其半；另有中国画十余长幅，杂陈其间，余初几疑其为店中物，尽极肖华人手笔也【。】方游览间，惠氏亲至，彼故绘己像，余一望知其人，因谈焉。见余草手册，因问曰："君非新闻记者乎？"余曰："否【，】学生耳。"据惠氏言：彼在东京开展览会，观者日三千人；今在北京，日不过三十人。余因问日本美术现状。答曰："名家固多，然剽窃他人作品而署己名者亦不少；日本画派，（按即由中国画改造者），现已式微矣。"会中悬日本风景人物十余幅，皆油画。如："Afternoon-sun at the Beach of Cahima"，表太阳光最佳。其除海天田舍渔人之作，则光线未能充足，故稍嫌幽暗，然笔法章法，均极能表现个性。此外"Allegorical Composition"及"Twilight"皆属创作：前者为半月形，神女，神马渡海，章法严密之至；后者长约五尺，高逾三尺，裸女作斜卧状，背景极肖古典派山水，骤观之几疑自文艺复兴之意大利来。惠氏言："此裸女并无人型（Model），全由意造，盖居北京不得不尔。"然亦可见氏之天才矣。会中肖像数幅，以氏自己之像为最大【。】问其肖像何尽为写实派。惠曰："为金钱计耳。苟非写实，人孰赏之。"肖像色皆和谐鲜明。如西藏喇嘛，及西藏贵妇，皆极庄严灿烂之致，最能表东方之美。至于水彩，则以写北京乞丐者为独多。惠曰："表现乞丐为极有趣味之事。中国观者或不谓然，但外人则甚欣赏之。"吾人亦可以思矣。水彩风景独少。氏之水彩，喜用冷色，毫无鲜艳之姿。可谓水则水矣，彩则未也。

氏自至东方，锐意习中国画；惜其居日本时，罕睹中国大家杰作。所谓日本画者，虽具中国画之雏形，实尽失中国精神矣。西方美术家之习中国画而敢以问世者，郎世宁而后非惠氏莫属。京华为中国画家会【荟】萃之地，曷不与惠氏互相而研究而发扬吾国之国粹耶？惠氏中国画中，树木人物皆肖像；惟山则颇类日本画法，中国画虽极写意，亦无此作。然中国画之山，其难寔匹于竹兰，非所以责惠氏也。惠氏中国画，皆使匠人染之，使似古物。氏自不能署华名，则倩人代之。亲有石章二：一曰惠具利，一曰瑞西画家。问氏之油画属何派。曰："无以名之。"又问氏画何只署名，而不署日期。曰："吾自知时日，何署为？"画虽仅百幅，而派别极杂；兼之氏近来受东方影响，往往一画之中，东西合璧，此种试验，究能成功与否，非今日所敢定也。氏曰："余画各体具备，盖恐为观者所短也。"余问现代美术之趋势。惠曰："复古耳【。】"印象立体未来诸派，已成陈迹。如氏创作之"Twilight"颇足代表美术新潮焉。

总之：惠氏不愧为当代美术界之先驱，而为富有天才之人。否则断乎不能以二载之力，得中国画之神似也。余问中国今日号西洋画家者，皆以后期印象派或新印象派自夸。以中国西洋美术之幼稚，是否先以崇尚写实为宜。氏曰："是观人之个性何如耳。"按氏言固当，然非所以论中国今日之西洋美术也。余尝观自命为印象家之作品，于透视浅易之理，尚不能胜任，而徒事乎狂挥，醉心新奇之流，以其无法理之束缚，而易为也。遂群学其技，相习成风，以至今日。夫画家必谋与社会联络，今日中国社会，美术程度果可以见印象派而色喜乎？愿作山林美术家斯已耳，否则必思有以易之也。北京教授美术之学塾，不下五处，其成绩如何，非敢妄论。然大抵舍本逐末，以图速成耳。美专罗致中外教材，学生似有深造之机会，而风潮屡起，遂致停办。惠氏云："该校学生，有美术才具者甚多；然捣乱分子，扰其功课，其自甘暴弃者，教师一指谪其画，辄出教室不返，其骄傲若此，吾人亦无怪停办之令矣。"惠氏为人和霭【蔼】真率【，】余每难其画之构造章法（Composition），未尝露不悦之色，且诚恳解释，使余服膺而后已。惟太重生意（Business）【，】但此亦职业美术家之常态也。

赖德霖按：

童寯的《参观惠具利展览会记》是目前所知他最早的一篇已刊文章，因不见于《童寯文集》，所以可称是他的一篇"佚文"。这篇参观记写于1925年2月，当时童24岁，即将从清华学校毕业，并于同年9月赴美国宾夕法尼亚大学学习建筑学。在清华期间他是学校美术社成员。该社活动内容包括实习和研究两方面，"实习每星期自二小时至四小时。所用的画具有铅笔、钢笔、水彩、油彩、木炭等。所作的资料有静物、花草、人物，同户外写生、插画及图案等"。"研究便是考阅书籍。社员各择一题考究其源流、变迁及现状，作为报告，于每月常会时宣读。所择题目多系中外织物图案、瓷器图案、雕塑、绘画、美术史及名家传略等题。"[《智育—会社—美术社》，《清华周刊（本校十周年纪念号）》，1921 年 4 月 28 日，"智育" 47-48 页。]这篇参观记既有助于美术界了解中国近代美术教育，也有助于建筑界了解童寯本人。

据文中所记，惠具利（Charles Adolphe Egli）为瑞士人，1920 年到东亚，先居日本二年。1923 来华，在上海承绘 Astor House 壁画，之后到北京任"美专"，即国立北京美术专门学校教授。美专的前身是 1918 年 4 月成立的中国第一所国立美术学校——国立北京美术学校，1922 年改名为国立北京美术专门学校，1925 年改为国立艺术专门学校。

Astor House 是近代上海一座著名旅馆，中文为礼查饭店（现浦江饭店）。据同济大学任宇恒硕士学位论文《近代上海饭店建筑初探（1843—1941）》（导师卢永毅，2020 年），1922 年礼查饭店一楼重新装修，由西班牙建筑师拉富恩特（Lafuente）设计了新的宴会厅，即后来广为人知的"孔雀厅"。改造工程在 1923 年圣诞节前完工。

根据时间，可知惠具利就是因为这项工程而到上海。

据 Invaluable 这一《世界首要拍卖与画廊》（the world's premier auctions and galleries）网站的信息，惠氏生于 1894 年，1979 年逝世（https://www.invaluable.com/auction-lot/egli-charles-adolf-1894-bern-guemligen-1979-3065-c-6d86333655）。但有关他生平的其他信息很少，说明目前其所受关注程度不高。从网络披露的数幅作品看，他画的题材有风景、花卉和肖像，风格也较多样，以写实为主，兼有用笔大胆、具有后期印象派画家塞尚的特点的风景画作品，而花卉和肖像较为写实，但均堪称"色皆和谐鲜明"，肖像更可以印证童寯所说"极庄严灿烂之致，最能表东方之美"。

惠具利的更多作品已不可见。但从晚他 3 年，于 1926 年 9 月到北京艺专任教的法国艺术家安德鲁·克罗多（André Claudot，1892—1982）的作品（http://news.99ys.com/news/2017/0911/9_209845_1.shtml）可以看出，当时北京的古代建筑、城郊风景，以及乞丐、难民、黄包车夫和戏剧人物的确是西方画家表现较多的中国题材。克罗多也在尝试用毛笔画速写和山水风景，并在自己的"中国画"上钤盖中文印章。所以童寯在惠具利作品中所见画家对于中国画技法的尝试和在画上加盖石章的做法并非个案。

有关这位 20 世纪早期来华美术教育家的中文记录十分罕见，只有少数有关北京美／艺专的介绍中提到过惠具利这个名字，但把他的国籍写为法国（http：//www.chinayishu.com.cn/html/xwpd/yspl/13099.html）。童寯的这篇参观记是笔者所见唯一一篇同时代人对其在华活动及作品和为人特点的介绍。这一时期恰逢中国社会和艺术都在经历急剧的转型。这位外国教师在与童寯的谈话中表达了他所了解的当时中国社会对美术的态度，以及他对当时中国流行的美术思潮和美术教育的一些看法。这篇参观记是中国近代美术教育史研究中一份难得的史料。它同时反映出童在留学美国之前，特别是他在清华学校学习期间所积累的美术史知识、所培养的绘画欣赏能力，以及他对西方美术新潮的关注，甚至他对艺术和人生的态度，这就是务实不务虚，重道不重利。

惠具利，巴厘岛舞者，布面油画，53cm×45cm，
1925 年
图片来源：https：//www.invaluable.com/artist/egli-
charles-adolf-npfvsgddg0/sold-at-auction-prices/

惠具利，风景，布面油画（？），尺寸、时间不详
图片来源：http://www.arcadja.com/auctions/en/egli_charles_adolf/
artist/57264/

佚文2：1981年3月8日童寯先生在赠送给宾夕法尼亚大学建筑图书馆的《童寯画选》（北京：中国建筑工业出版社，1980年）中的题字。

To the Architectural Library, U. of P. with compliment(s),

Chuin Tung (Arch ' 28).

As "un ancien," I recall my school days in Phila. with proud nostalgia and deep gratitude. Pleasant and treasured memories of P.P. Cret, G.H. Bickley (my critic) J. Harbeson, Lou Kahn, Roy Carroll, Bob Carson and R. Snyder (my classmates), names familiar to present day Pennsylvanian, often pop up in my mind even after so many years. These reproductions do not exactly represent but do much to discredit the

目　录

originals, indifferent as they already are. Kindly accept them as a souvenir. C. T. March 8, 1981, Nanking, China.

（翻译）

敬赠宾大图书馆。

童寯（建筑学，28 届）

作为一名老生，回想起在费城求学的日子，心中总是充满自豪的怀旧和深深的感念。P·P·克瑞、吾师 G·H·毕克莱以及吾侪 J·哈勃森、路·康（按：即路易斯·康）、罗伊·卡洛尔、鲍勃·卡森和 R·斯奈德等大名今天宾大人已耳熟能详。虽然时过多年，关于他们的回忆依然会不时浮现脑海，愉快而珍贵。这些复制品不能忠实再现本已乏善可陈的原作，却足以令其愈加失色。谨请笑纳，权充一份念想。童寯，1981 年 3 月 8 日于中国南京

按：该画册现藏宾大图书馆典藏部（LIBRA）。童寯先生手迹承华正阳先生翻拍、识读并惠赠。赖德霖中译，华正阳、童明校阅。

丙寅级　Class of 1926

李道楦　胡家枚　王国楨　周承镗　黄仕俊　杨昌龄　邵缵辉　潘克恭　晁荣绪　黄学诗　陈辅琼

北京清华学校今年毕业生定於八月二十二日由温莱金来总统船赴美留学（内有数人因

陶葆楷　焦之豪　曹家骧　李毅教　崔锡芳　王之宏　严宗鎏　张凯勋　谢启泰　杜永明　过元熙　蔡名芳

故不去）兹探得学生合影等团体照已预备载送去

学国瑄　黄海涛　张国安　唐恩泗　贺锦　崔龙光　云照坤　汪渖尧　邬陵全　郑自周　桑坦章　周自安　庆璁

蕃岳黄　中黄　培叔舒　泳張　橡劉　瑞熙沈　朝正劉

　頫國史　一坤陸　慈鈞劉　駧家尤　駺家劉　德毓林　田芳徐

文夏　忠恩瑞　周煤遇　銳張　藩道金　魏振康　芬庭邵　慶顺史

清華學校之畢業生

1926年8月清华留美学
生合影，上排左2黄学诗，
中排右10过元熙，下排
右5张锐
图片来源：《图画时报》，
第314期，1926年8月
15日，6页。

271

34

过元熙（1926）

图片来源：《游美预备部》，《清华年报》，第 9 卷，1926 年，56 页。

过元熙（Kuo, Yuan-hsi, 1904.6.30—2005.10），江苏无锡人。清华学校毕业（1926），在校期间，任《清华年报》社发行经理（1923）、《清华周刊》经理、童子军队长（1926）。宾夕法尼亚大学（U. Penn）建筑系学士（1926—1929.6.19），麻省理工学院（M.I.T.）建筑系硕士（1930.6），获 The Walter Cope Memorial Prize 一等奖（1927）。1933 年在美监造 1933 中国参加芝加哥博览会之热河金亭。北洋工学院教授、建筑处（原文）。1934年2月经清华校友朱彬、赵深介绍加入中国建筑师学会，后出会，1935年3月经清华校友董大酉、童寯介绍复加入中国建筑师学会。1936年开办（广州）过元熙建筑师事务所，任广东省立勷勤大学建筑工程系教授（该校1937年并入中山大学），1941年6月起任中山大学建筑工程系教授。广州市园林管理处任职，主编广州《园林季刊》，1949年11月成为广州"美协分会"创始人之一。1949年起任香港王宽诚公司建筑师，月付500港币（合2.5两黄金）。中华人民共和国成立后，曾回京工作，中国建筑学会第二届（1957.2）理事。1950年参加香港拔萃男书院新体育馆和教室设计竞赛得头奖，1957年任香港建筑师学会登记会员。作品有广州沙河陆军新编第一军阵亡将士纪念碑，（香港）Stanton House、拔萃男书院新体育馆、德雅中学、香岛道现代住宅等。著述有《房屋营造与民众生活之关系》（《申报》，1933.8.22、8.29、9.5），《博览会陈立各馆营造设计之考虑》（《中国建筑》2卷2期，1934.2），《新中国建筑之商榷》（《建筑月刊》2卷6号，1934.6），《新中国建筑及工作》（《勷大旬刊》14期，1936.1.11），《广州市今后之园林建设》（《建筑月刊》4卷10号，1937.2）等。

附：《游美预备部》，《清华年报》，第 9 卷，1926 年，56 页，过元熙照片说明。

过美术家，大有哲学风味。防着他那副眼睛，恐怕他看冷你的心儿。

His unfading smile tastes both bitter and-sweet.

佚文：过元熙，《我的清华生活》，《清华周刊（清华十二周年纪念号）》，1923 年 4 月 28 日，155-160 页。

各人的生活，是各人平时的嗜好、习惯、动作以及消遣种种的总名称。我们因为各人平时嗜好等等的不同，就造成了我们各人相异的生活。所以我这篇文章只能在清华全体学生四百多人之中代表我清华一份子的生活。不过读者诸君，读了我的生活，亦可以推想到处于同等教育，同等待遇之下的其他清华同学。他们的生活，大概也是相差不远。

别的学校，走读的学生居多，他们每天除了上课来回以外，同学校朋友，互相接触、见面的机会或很少。所以什么事都得他们自己去做。将来能够成为那【哪】种人才，就在乎他们自己的志向是怎样。不过清华学校就不然；清华的学生，全体都是住校的。他们从进了中等科以后，一直念到毕业，共有八年之久，这八年之中，对于他们将来的成败得失，真是有密切的关系。换一句话说，就是他们将来的成败得失，全在这八年培养之中。所以清华的生活，有比别的学校更有研究同记载的价值。

我在未进清华以前，就早听见了清华的名誉。所以在上海民立中学肄业的时候，就很想来投考清华。刚巧民立有一位教员，是从前清华学校的毕业生，我有空，就常问他清华的情形。他有时候讲得天花乱坠，并且说非要自己去经验过，是讲不明白的，因此我想考清华的心，一天急似一天，一直想到那年的暑假，立刻就去南京报考。当时同去的，也有好几个位，不过都是"天不假运，名落孙山"！他们都失望了。我那个时候，决心还存。到了第二年暑假再去赴试居然被录第四（那次江苏省共招八名）。诸君可以料想我那个时候的快乐真是笔墨难以形容。古人说有志者事竟成，这句话给了我一个很好的教训。我那个时候，只知道来清华读书是好的，而不知道清华的内容，究竟好到那【哪】种地步。只知道留学是好，而没有进一步想留学的责任是怎么样，清华学生将来所负担的责任很重，我希望我的同学，同要想投考清华的朋友们，都得要把这个问题想个明白。

八年九月一日清早七点多钟，从北京坐了洋车到清华园来覆【复】试，这是我踏进清华园大门，参入清华生活的第一步。我还记得洋车刚到园里的时候，只看得屋宇宏伟，花木葳蕤，不知道向那【哪】儿去报到。也不知道到那【哪】儿去覆【复】试，覆【复】试的手续，又是怎样。幸而来了，几个招待员，领导我去把什么事情都办完了。这是我第一次感到清华学生和善可以交游的影像。

我初到清华的几天，什么东西都不知道。没有朋友，也没有相识的人。所以那几天的生活，完全是用我的观察里来仿效别人。有的时候我一个人走到园内各处去散步，只觉得清华学校是真大。我还记得有一次走到图书馆前面，竟不知道中等科上那【哪】儿去了！后来看见了一位从前的招待员，才请他引我回去。其实中等科就在西边。现在想想真是可笑。

我在写信的时候，总是要讲到清华风景的美丽同设备的圆满。就是现在想想，也不能算是十分夸吹；因为清华的设备是好，我有好几个留美的朋友，他们都说这里的设备是难得的。诸位只要想一想，从前清华本来是皇家的花园，还有不好的道理？况且现在又新造了体育馆、图书馆、大礼堂、科学馆等等，所在设备上真是完美，享受的权利，真是一言难尽。

讲到功课方面，我在初进清华的时候，觉得程度真浅，所有英文、读本等类，我从前在民立中学的时候，都早已读过。算术一科，在这里中等科一年级，还教诸等比例；在别的学堂，早已要念代数了，这还不算，到了中二，仍旧是读这些书。初步的代数，同世界地理。中四的读本，一学年算教了两本书。不过也是很薄的，就是现在高一，比较稍微麻烦一点的功课，也就是德文一科。所以我很希望能够在这青年的时代，学到一点专门应用的科学。那些稍微不要紧的科目，好像英文、文法等类，可以减少或是取消。我现在所顶喜欢念的学科，就是公民学。因为那里头所讲的东西，完全是普通智识，讲到我们应该怎么样去造福社会，我们同社会国家的关系是怎么样，都是个个（原文）人所应该知道的，我读了这本书以后对于我将来的责任，又明白了好多。

我们平时在教室上课，可以随便讨论发表意见。在课室中养成习惯，所以到了应用的时候，不至于哑口无声。

这是清华教育特长之点。讲到中文，虽然比较起来要差一点，不过现在也是正在改良的时期中。

朋友这个问题，顶难解决。然而顶要紧，人是喜欢合群的一种动物，人没有朋友就简直活不了，我在未进清华已【以】前，家里的人，就常常同我讲，说你到了清华以后，总要好好的【地】找几个朋友，将来可以在社会上做事，互相帮助。所以我在清华，对于交友的问题，看得很重。我在初到清华的时候，什么人，都不认识，我的朋友，无非是几个招待员。不过我也得到他们的帮助不少。到了三三（原文）年级，在班上稍微认识了几个朋友，到了四年级，方才慢慢把交友两个字的真意，看得明白。从那个时候起，我对于择交的问题，看得非常重要。我有几个知己朋友都是那一年里头认识的，我择友的方法，要那个人有我所不能及的特点，或者我同他做朋友后，彼此都能受益。我觉得朋友是人生的第二个生命，对于个人的精神上、道德上、学问上，都有很密切的关系，倘然能够得到几个极好的朋友，对于将来事业的成功，一定大的【有】关系。所以我希望诸位同学，总要把朋友这两个字，看得很重要，切不要随便乱交。我现在对于我的朋友还不能算是十分圆满，我还觉得在清华同学间得互相交识的机会很少，所以要得到几个知己的朋友也是很难，就是对于教职员学生间的感情也是不妙。不知道什么时候，可以打破这种的障碍。

在清华的日程（Daily Life），简实【直】是可以算舒服到极点。清华因为设备完美，所以在清华的日程，也是他校所不能及。我们在清华读书，无论是谁能都享受得到这种圆满的生活。现在先把我自己的日程，写出供诸位的阅览。我天天在早餐以前，要出去走一走，呼吸点新鲜空气。有的时候走到荷花池，看看荷花的艳放，还有几个小鸟儿，在树枝上唱歌。有的时候一早在西园山顶上看见太阳渐升，照得西山灿烂，千变万化，把我平日一切的痛苦，都忘记了，真是痛快！我天天除上课外，下午还到体育馆运动，游泳打球等等。把我的身体，练得十分强壮，到了清华以后还没有生过一次大病。而在运动以后，再洗一个浴，换了干净的衣服，真是好像上天堂一样。我们在清华的，都尝过这种滋味，洗浴完了，大概我就上图书馆去看报杂志等等。我在清华几年，图书馆，也是我的一个好朋友。有的时候，在饭后上课以后，天气很好，常常找几个朋友，到树荫底下去散步，有的时候照像【相】，真是舒服，讲到礼拜，我还要出去旅行，到长城、西山、同附近名胜地点去游览。对于，我精神身心上都有很大的利益。我住在清华，很不愿意进城，每年顶多是不过三四次。那三四次还是游行旅行等等都在里头。因为清华地点这样好，空气这样新鲜，到北京尘土中去，简直是受罪。不过我们因为不愿意进城的缘故，对于社会上的情形，就一点都不熟悉。只知道在清华园读书出洋。而不知道校外的苦境是如何。因此将来回国，不能发展其所学。这是一个缺点。

我在清华，进了童子军，得到的益处也是不少。我从进了童子军以后，无论什么事情，在未做以前都能够想到童子军的誓约或规则，因此坏事能够不干了，譬如诚实、友爱、清洁、服从、爱物，等等，我自己想想，受到他教训真是不少。有几条规则，我现在竟成为习惯了，一做事就想到他，倘然我没有进童子军，我相信断不能这样的自尊自爱，以及诚实爱人。他领引我常常在正当的轨道上走，我总不能忘了童子军。还有一层，我进了童子军，对于煮烹、救伤、营宿军事学识等普通智识，都能知道一点。养成一个活泼有用（helpful）的少年，也是童子军的效力。

以上种种，都是我在清华四年半中的情形，同所得到的经验。我觉得清华学校虽然是设备机会同教育，这样的好，不过还是要在自己能够自奋自勉。在清华读书，完全是要自动的。有好多同学，问到他们对于清华生活的意见，他们或是不能回答，或是说太干燥、太舒服、没有一定的主见，这都是没有得到正当清华生活，没有明白真正清华生活的毛病。他们在校考之先，都是同我一样的把留学看作进清华的唯一目的，到了现在还没有觉悟。所以他们平日在清华，就是糊里糊涂的【地】过去，没有知他们肩背所负的责任是怎样。真是可惜。我自己的清华生活虽然也不能说十分圆满；不过我常常能够，自己想到家中的切望，同全国的重托。总是猛醒奋斗，希望将来总有十分圆满的那一天。到了那个时候，我再把这篇文章看一看，我想一定是很有感触，很有纪念的价值。

童 子 軍 BOY SCOUTS

軍長：麥倫先生　顧問：虞振鏞先生　梅貽琦先生　全紹文先生
隊長：過元熙　副隊長：丁緒淮　會計：劉發孫　書記：張江泉
軍需：楊啟祺　圖書部：李效泌　音樂部：金大年　記錄：陸起華

　　本校童子軍向由學校督率辦理。今年始由學生自動組織。目的在殿禱莅前工作，提倡國為童子軍之事業，及與校外各童子軍各處懇聯絡並通信。本年如教練成府小學童子軍，野外露宿，預備高級考試，收發電報及遠足旅行等，苦篤重要工作。軍長熱心，顧問善導，各職員又皆盡職，故本年成績甚佳云。

童子軍合影，后排右 2 为队长过元熙
图片来源：《会社：清华学生会》，《清华年报》，第 9 卷，1926 年，103 页。

| 北平画师 | 博览会会长 | 监造热河金亭之 | 北平画师 |
| 张 倜 匠 | 陶蔼福 Rufus Dawes | 过元熙建筑师 | 沈 寿 亭 |

1933 年芝加哥万国博览会，中国馆由中国工匠仿造热河金亭，由过元熙在博览会现场督工监造。合影中右 2 为过元熙，左 2 是博览会会长，右 1、左 1 为北平工匠

图片来源：《中国建筑》，第 2 卷第 2 期，1934 年 2 月，6 页。

35

黄 学 诗（1926 级，1927 年赴美）

图片来源:《游美预备部》,《清华年报》, 第 9 卷, 1926 年, 55 页。

黄学诗（字复初, Huang, Hsueh-Shih, 1907—? ）, 江西清江人。清华学校毕业（1926）, 因事推迟至 1927 年 6 月赴美。在校期间曾任学校售品公所董事、网球队队员（1926）。麻省理工学院土木（建筑? ）工程系硕士（1929）。1930 年任中国工程学会仲会员（建筑）, 1934 年 12 月经清华校友赵深、童寯介绍加入中国建筑师学会, 1934—1937 年任中国工程师学会仲会员（建筑）。1931年在江西南昌从事建筑师业务，（南昌）复兴土木建筑公司经理兼工程师（1937），1941年10月在桂林市政府技师登记。善后救济江西分署技正（1945）、副署长（1946.2），（江西）九瑞堤闸工程委员会及龙溪堤闸工程委员会主任委员（1946），江西省会中山纪念堂建筑委员会委员（1946），南昌示范市政设计委员会副主任委员（1946.10.5）。入国立中正大学（今南昌大学），任工学院教授（院长兼土木系主任为清华校友蔡方荫），1953年随土木工程系并入新成立的中南土木建筑学院（今湖南大学），任营建系副主任（1956），与刘旋天合编教材《建筑结构》。任华中工学院（今为华中科技大学）建校办公室工程监理处处长（1953）。1958—1959年任湖南工学院土木工程系副系主任，1959—1972年任湖南大学土木系副系主任、系主任。1962年任湖南大学考试委员会委员，并指导研究生邹银生（1965年毕业，后成为博士生导师）。中国建筑学会建筑经济分会第一届委员会（1979.10）委员，第二届（1984.11）名誉委员、顾问。《中国大百科全书·土木工程》"建筑经济"分科成员。

注：感谢湖南大学张泽麟先生、柳肃教授提供黄学诗在中正、中南、湖大任教的相关材料。

附:《游美预备部》,《清华年报》, 第 9 卷, 1926 年, 55 页, 黄学诗照片说明。

"愿无伐善, 无施老。"

Frank, practical, and reliable, Huang has newly decided on civil enginering as his life work. He believes that a cultured man must have a wide scope of knowledge, and he is doing his best to achieve this end. –Yin.

36

张

锐

（1926）

图片来源：《游美预备部》，《清华年报》，第9卷，1926年，50页。

张锐（字伯勉，Chang, Ray，张鸣岐子，张镈兄，1906—1999），山东无棣人。清华学校毕业（1926），在校期间曾任《清华周刊》新闻栏编辑、总编辑（1924—1926）、政治学研究会会员、售品公所董事（1926）。密歇根大学市政学士（B.A.），哥伦比亚大学毕业院研究生，施拉鸠斯（Syracuse，今译锡拉丘兹）大学行政院研究生，哈佛大学市政硕士（M.A.），纽约全美市政研究院毕业技师（National Institute of Municipal Research）。留美期间曾获密歇根大学名誉奖证,任全美名誉政治学会会员、哈佛大学市政交通问题名誉研究员、纽约市政府总务、工务、公安、卫生、财务各局实习技师。回国后曾任东北大学市政专任教授,清华大学、南开大学市政讲师。天津特别市政府秘书、第四科（秘书科）科长、帮办秘书长、参事、设计委员会专门委员,市政传习所训练主任,1930年与清华校友梁思成合作制定《天津特别市物质建设方案》。海州隧道工程研究委员会主席。1931—1939年任内政部参事,行政院简任参事、行政院效率研究会常务委员,中央古物保管委员会委员。1945年在中央银行从事经济工作,1949年后参加"革大"（按:当指华东人民革命大学）学习,并留任上海市政府参事。著作有《市制新论》(上海:商务印书馆,1926);《天津特别市物质建设方案》(与梁思成合作,北洋美术印刷所,1930);《公文程式与保管》(与殷菊亭合编,商务印书馆,1934)等。

附 1：《游美预备部》,《清华年报》,第 9 卷,1926 年, 50 页, 张锐照片说明。

澹泊宁静, 翻手云雨的"政客", 兼多才多艺, 风流倜傥 的著作家。精市政, 美风姿, 学优质慧, 才子才人也。

"Ray" is one of our "Brightest"; a tactful "politician" as well as a clever writer. And that does not explain all. His stylish "Sunday-bests" and speedy motorcycle have involuntarily dazzled many a "butter-fly".

附 2：张镈,《我的建筑创作道路》(北京：中国建 筑工业出版社, 1994), 2 页。

我大哥张锐生于 1906 年, 现年 85 岁, 尚健在。他的专 业是市政管理。早年任东北大学教授, 后入仕途, 历任天 津市政府高级官员, 1931 年后任国民政府行政院简任参 事, 与陈公博、周佛海结识。严拒陈、周大汉奸的邀请, 抗日初期入川。1939 年因母丧回津, 不再作官。闭门读书,

政治學研究會 POLITICAL SCIENCE CLUB

幹事：徐敦璋　書記：金通藝　會計：張銳　會所管理：張秉鼎

本會成立於民國九年，當時會員僅十人；後絡續增加，至今共四十四人。本會以研究政治學理，討論實際政治問題為宗旨；故每次開會，研究討論恆同時並進。其外如名人演講與旅外參觀等事，亦年必數舉。現在學校會員不多，精神極好云。

清华学校政治学研究会合影，前排左 2 为张锐（会计）
图片来源：《会社：清华学生会》，《清华年报》，第 9 卷，1926 年，97、107、123 页。

編 輯 部 BOARD OF EDITORS

清华周刊编辑部合影，前排坐左 1 张锐
图片来源：《会社：清华学生会》,《清华年报》，第 9 卷，1926 年，97、107、123 页。

售品公所 COLLEC

董事: 蔡競平 李效泌 朱彬元 張燊鼎 趙學海

為公衆便利計，早年有商辦嘉華公司，後改校辦售品所，烱
每人認股至多五十元。股東離校時得退股。董事九人，每年由胝
品，代辦，寄售，電影六部。本年營業約二萬五千元。

STORE

銳　崔龍光　尤家駒　黃學詩

攻為員生合股售品公社。股額三千元，

改選三分之二。營業分用品，文具，食

清华学校售品公所合影，二排左 1
张锐（董事），左 2 黄学诗（董事）
图片来源:《会社：清华学生会》，
《清华年报》，第 9 卷，1926 年，
97、107、123 页。

兼营金融。1945年日寇投降后，入中央银行，从事经济工作。解放前夕，坚守上海。1949年后参加'革大'（按：当指华东人民革命大学）学习，并留任上海市政府参事迄今。

佚文1：张锐，《师友间的情谊（范静生讲座笔述）》，《清华周刊》，第24卷第11期，1925年11月20日，4-5页。

师友间的情谊

范静生先生讲　张锐笔述

所谓师友间的情谊者，即师师、师生及生生间相互之情感；换言之，即全校教职员与学生间之情谊是也。世界著名之学府，如英之剑桥、牛津，美之哈佛、耶鲁，入其校，不特觉其物质上各种设施之完备，教员学生之德硕学高，且觉其师生间有一种极光明和蔼之气象。彼此间之情谊极厚。杂【离】校学生，异地再聚，亦复如此。其他有名之学校亦类是。此种精神，可谓为非自私自利之真实情感表露，为教育发达秩序平常国家之普通现象，无足奇者。回想我国古时，孔门弟子，教者循循善诱，听者亦心悦诚服，姑勿论矣；即以宋明而言，师弟间之感情亦非常淳厚，此可见我国固亦有与欧西相媲美者矣。然试查吾国现时各学校师生之关系若何。诸君在清华，自属例外。其他各校，情形大多不佳，最幸者亦即止于相安而已。试想，学校中科目既繁，人数复多，宿舍又杂，见面极少；结果在校如风吹沙聚，出校即不相识。中国地大物博，职业浩繁，离校做事后更不能有所联络。在校如一盘沙，在社会亦如之。如此，焉有情谊可言？再者，各官立学校，大多受政治影响，当事者辄抱"做一天和尚撞一天钟"主义，因循敷衍，无暇顾及。至于私立各校，则又限于经费，规模挟【狭】小，教员人才缺乏，日常戚戚于经费而无力顾及师生间之情谊。外人所辩之教会学校，虽知注重此点，然因事实上有种种隔膜与困难，亦难贯澈【彻】。各校归国之留学生不在少数，虽曾感受外国此种好处，然而甚难供同学同事之采择，徒能供其个人回忆时之感叹而已。

是故，就此项美点而言，新学既失我国固有之精神，复不能采取欧西之美点，浸假而教者与学者皆忘此点之重要而不加注意矣。办学者徒知美其科目，丽其校舍；而求学者只一意向其所习之学科，以为学满其所需之绩点后，即可以尽求学之能事。岂不可叹！吾谓办学者之主旨，首在造成极良好之师生相互关系。中国现时，可谓昏乱已极。尔诈我虞，尔虞我诈，彼此怀疑，彼此猜忌，甚至于彼此相争相杀。推原其故，则在于国民间彼此乏良好之情谊。故吾人现时应努力于相爱相信。大多数人之爱国爱人念头，确实非假。但大都不知从何处下手。其实狭义言之，吾人能爱吾人目之所能及之地与人即可。吾人虽可从宗教、政治方面下手；然而设人民不能澈【彻】底了然于胸者，亦不过等于纸上谈兵而已。经济方面，虽有一部可行，但亦有难处。因商业等本系将本求利之物，求利已而不损人固佳，利己而又利人更妙，但损己而利人者鲜矣。

然而吾人应从何处下手乎？曰：惟【唯】教育是。教育者，国之本也。吾年来识人颇多，细查所识人中，处心积虑故意害国者，无一焉。不过彼等所持之政策不同耳。中心虽无害国之心，而所持政策常相凿柄【枘】，毫无商量之余地；以至全国风起云涌，一发而莫之能制。凡此皆对手方不相爱不相信之故。历来内争，谁方有理，姑置不论，惟【唯】双方太缺情谊，则可断言。由是观之，则情谊问题之重要，可想而知。

考外国同情心大，彼此易相谅解之故，不外三端。第一，外人大都信仰宗教，每星期日入礼拜堂，有相聚之机会。第二，政治已入轨道。第三，经济方面，人民各安其生。

凡此三点，吾国皆无；更非从教育方面下手不可。固然此不仅限于清华，各校各地皆应注意及之。不过清华较他校之机会为多，因：

（一）官立，但不受政治之影响。

（二）规模宏大。

（三）清华有国学硕儒及优良之留学生，能采外人之长加以固有之美点，以养成此种富有情谊的好校风。

曹校长适谓我非外人，闻之喜而且愧。我办清华时，虽曾注重此点，然彼时所感觉者，尚无日之痛切。彼时之清华，有如一桥；而今日之清华，则为一大厦，吾人在此安身立命，其目的在养成领袖人才。仅就学问而言，机会与希望，均较他校为高。然清华绝不希望只造就独善其身的人才。独善其身的人才在现下乱世的中国，无所用之。吾人应为国家，为社会打算，目光须远大；不应于学有得即沾沾自喜，认为已尽清华学生之能事。欲为国家树一良健之根基，最好从师生间之情谊下手。教员教书，不仅为糊口计，其目的在为社会尽一番力。学生亦须体谅其苦心，努力向学，以期不负国家、社会、师长之期望。人生一世，不过数十寒暑而已。相聚一堂，共究学问，良非易事；聚而同做救国工作，更非泛泛。

我国古时及欧西各国致强之原因，多由于强有力学会之集合。吾人应有极亲密之团结，不应如浮萍之漠不相关。吾人生兹世而不能做此番工作，虚吾生矣。

佚文2：张锐,《别祖国》,《清华周刊》,第26卷第1期,1926年10月8日,33页。

别祖国

张锐

别矣：我系恋的祖国！

　　那儿有雄踞的长城，

　　那儿是华胄的血地；

　　太阳照耀着我的家乡，

　　五色旗儿在空中荡漾。

看哪：我系恋的祖国！

　　敌人嚼着你的心肝，

　　魍魅爬上你的肩膀；

月儿哭向着我的家乡，

惨淡得让人不忍再看。

祖国——我系恋的祖国！

斗（原文）然间我想起秦始皇，

我又记起那成吉思汗；

看着这破碎的山河，

我胸中似海潮般澎湃。

同舟：我祖国的青年！

离情麻不醉我们的沸血，

海风吹不化胸中的块磊【垒】；

让我们为祖国忘掉了一切，

携着手誓将颈血洒遍！

丙寅七月作于太平洋舟中

即以赠慕白知友

37

哈雄文（1927）

图片来源:《游美预备部》,《清华年报》, 第9卷, 1926年, 68页。

哈雄文（Ha, Harris Wen / Wayne, Hsiung-wen, 1907.12—1981）, 湖北汉阳人（回族）, 生于北平。清华学校毕业（1927）, 曾任学校经济调查会会员（1925—1926）。宾夕法尼亚大学（U. Penn）建筑系建筑科及美术科学士学位（B.Arch, B.F.A., 1928—1932.2）、研究生院（1932）。欧洲旅行（9个月）, 研究欧洲城市。1932年回国入董大酉建筑师事务所, 经清华校友董大酉、赵深介绍加入中国建筑师学会。（上海）私立沪江大学商学院建筑系主任（1935—1937），内政部技正（1937.9.30—1943.3.25）、营建司司长（1942.6—1949.3.7），陪都建设计划委员会专任设计专员（1941.5.9）。中国营造学社社员（1944.9）。1945年任中华营建研究会编辑委员会名誉编辑、内政部营建司发行《内政专刊（公共工程专刊）》编辑、（重庆）中央大学建筑工程系教师、中国市政工程学会第二届候补理事。1946年作为中华民国内政部营建司司长，陪同美国市政专家戈登到汉口视察，规划武汉长江大桥，同年11月11日参加北平市公共工程委员会座谈会并致词。中国建筑师学会常务理事（1946.10.5，上海；1948.7，南京），曾任上海港务委员会、中国工业标准委员会、北平国家博物馆委员会、中国工程学会、中国市政工程师学会执行委员会委员。1948—1951年9月与清华校友黄家骅、刘光华合办（上海）文华建筑师事务所，1951年9月—1952年5月加入（上海）联合顾问建筑师工程师事务所。1948年沪江大学执教，后于复旦大学土木工程系任教，1950年随系并入交通大学，1952年随交通大学土木工程系并入同济大学建筑系，曾任建筑设计教研室主任。1958年任哈尔滨工业大学教授，1959年任哈尔滨建筑工程学院教授、建筑工程系主任。中国建筑学会第一（1953.10）、第二（1957.2）、第三（1961.12）届理事。作品有同济大学文远楼（与黄毓麟合作）。主编《建筑十年》（1959）。

經濟調查會 ECONOMIC RESEARCH CLUB

會長 · 沈熙瑞　　文書：林同濟　　會計：哈雄文

　　會員分常住、暫住、普通及名譽四種。凡校内教職員學生對經濟有興趣者，均被邀請入會。爲便利進行起見，有會友委員會，及會務委員會之組織。本年除讀書報告，問題討論及歷請名人演講之外，俾產生「中國關稅制度之研究」一小册。

清华学校经济调查会合影，哈雄文任会计
图片来源：《游美预备部》，《清华年报》，第9卷，1926年，98页。

佚文：哈雄文，《梦亡友周君》，《清华周刊》，第 26 卷第 7 期，1926 年 11 月 19 日，613–614 页。

梦亡友周君

哈雄文

孤寂寂的高堂，

银灰色的烛光，

黑暗与冷静

包围着一座惨淡的临床。

哽吟来自何方？

声声这般凄惨；

恐怖和惋惜

充满了我幼弱的心房！

呜咽一片声响，

冲破了梦境的凄凉；

猛然开眼思量，

原来是秋风袭打着松且朽的寒窗。

清凉的夜似水一般，

我偷哭着在床上辗转；

西郊外的彷徨

是三月前的今天吧，朋友啊，

当你匆匆的【地】别了我们回到你天上的家乡？

明镜似的月低挂在屋檐，

偷眼望着泪眼的我，

朋友啊！我记得你身前，

月儿也会像今夜的团圞啊！

微绉着云波，

密舞着飞烟；

看！秋风紧了，

痴钝的我啊，依然；你哟，飞去了何处天边？

朋友啊，何谓快乐人间？

何谓"苍天有眼"？

野草啊，安存？松柏啊，长捐！

可恨的莫过苍天！

听！雁过也？

声声为何这般呜咽？

默想着我潦倒的浮生，

愿苍天使我早离人间，随你长眠！

飞啊！飞啊！

飞出了人类虚假的幕纱；

朋友啊，待我于极乐的大路上

和你徜徉着共看天上的朝霞，浊世的尘沙。

一九二六年十月二十日。

脱稿于清华园

附：《哈雄文谈建筑人才缺乏，解决房屋二点意见》，《时事新报》，1946年10月7日，4页。

内政部行政司司长哈雄文氏，数月来视察收复区各大城市之建筑事业及各项工程。昨由京抵沪公干。记者特往访，并以中国建筑工程之概况，与哈氏数月来视察各收复区都市之建筑情形叩询之。据云，中国建筑工程，素称落后，建筑工程师人才之缺乏，为其当前主要问题。国内各大学，设有建筑系者，仅中央大学、重庆大学、中山大学等数校。每年造就之人才，寥寥可数。以目前建筑事业之急需开展，此项人才实不敷应用。此次视察收复区各大城市，曾促成各城市组织都市计划委员会。迄今已成立者，有南京、上海、天津等地。后方八大城市重庆、成都、西安、兰州、昆明、贵阳、桂林、衡阳等，计划委员会于战时早已成立。日前尚在筹组中者，尚有青岛、广州、汉口、南昌等地。此外复于各大城市成立公共工程委员会，系联合工务、公用、卫生、地政等机构所会合组成。年来各地政府主管长官，对工务公用等事业，均已特别重视。此在中国行政史上实属一大转变。哈氏以为视察所得最感欣慰兴奋者，莫过于此点。因我国建筑事业之落后，实有赖贤明之地方政府予以切实协助也。此外论及各地房荒之严重问题时，哈氏认为除人口稠密之上海市外，其他各地并无想象之严重。哈氏以为欲解决上项困难，只有采取两个办法。（一）奖励法，奖励建筑，如有自动建筑公寓住宅者，特予免除各项税则，政府贷款，及沟通建筑材料之来源等。（二）强制之，以政治力量，规定工厂学校之新设者，必须备有充量之宿舍，否则不予登记或立案。如此则房荒问题，自能逐渐解决云。哈氏此次来沪，系出席中国建筑学会年会。哈氏为该会会员，并当选此届常务理事。

38

王华彬（1927）

图片来源:《游美预备部》,《清华年报》, 第9卷, 1926年, 68页。

王华彬（Wang, Huapin Pearson, 1907.11.11—1988.8.22）, 福建福州人。清华学校毕业（1927）, 在校期间任校棒球队（1923）、网球队（1926）队员。欧柏林大学（Oberlin College, 1927—1928）, 宾夕法尼亚大学（U. Penn）建筑系学士（1928—1932.2）, 获赫可尔建筑一等奖。留美期间曾任费城 L. Tunis Architect 绘图员半年、Provident Memorial Park Co. 建筑师半年。回国后, 任

上海市市中心区域建设委员会建筑师办事处助理建筑师，1932年12月经清华校友童寯、陈植介绍加入中国建筑师学会，1933年入清华校友董大酉建筑师事务所（上海），1935年获南京国民会议场建筑设计第五奖。1937—1939年任（上海）私立沪江大学商学院建筑科教授，1939年2—8月任（私立）之江文理学院建筑工程系兼任教授；1939年8月—1940年8月任专任教授；1940年8月—1949年8月任系主任。1946年1月担任（上海）抗战胜利门设计竞赛评委，1948年起自办王华彬建筑师事务所。1952年5月—1955年9月任（上海）华东建筑设计公司建筑师，1954年带领工作组配合苏联专家规划设计长春第一汽车厂。上海市房屋管理局总工程师、建筑工程部华东工业设计院总工程师、北京工业建筑设计院总工程师、中国建筑技术发展中心总工程师。中国建筑学会第二届（1957.2）理事，第三（1961.12）、第四（1966.3）届常务理事，第五（1980.10）、第六（1983.11）届副理事长，第七届（1987.12）届名誉理事，北京市土木建筑学会副理事长、理事长。兼任北京市规划委员会委员、北京市文物古迹保护委员会委员、中国福建国际经济技术合作公司副理事长、之江大学北京校友会名誉会长。1962年任《建筑学报》第三届编委会副主任委员，主持1956年全国性居住建筑、办公楼建筑及食堂建筑的整体标准设计，主持制定建筑标准模数制，参加编制汉字信息处理系统工程中的《汉语主题词表》，获国家科学技术进步二等奖。作品有（上海）福开森路福园饶韬叔宅、愚园路杨树勋花园住宅及水泥化验所、江西路联康信托银行、黄山观瀑楼（合作：杜晔、方行健）等。

39

梁

衍（1928）

图片来源：*Dee Dee's Birthday*，
Oxford University Press, 1952

梁衍（字衍章，Liang, Yen, 萨镇冰孙婿，萨本远
妹夫，1908.4.17—2000.12.27），广东新会（南海?）
人，生于东京。清华学校毕业（1928），曾任《清华
年报》编辑部 Art Committee 成员（1926）。宾夕法
尼亚大学建筑系学习（1928），康奈尔大学、MIT 学
习，耶鲁大学建筑科学士（B.Arch.，1931），哈佛大
学研究生院学习。1932 年在（Taliesin, Wisconsin）

赖特（F. L. Wright）事务所学习，是赖特的第一位学徒生。1934年经欧洲回国，入清华校友关颂声创办的基泰工程司，前后在基泰南京、上海、昆明所任设计师。中国工程师学会会员（1937），中国营造学社社员（1944.9）。抗战后期，（在昆明）为美军工作。1946年7月18日再次抵美，到（Taliesin, Wisconsin）赖特事务所工作6个月，1947—1950年在（纽约）United Nations Planning Office工作，1950—1973年任（纽约）Harrison and Abramovitz事务所主要设计师之一，负责联合国建筑工程设计。1973年退休，后居美国加州Walnut Creek，从事音乐、制陶及家具制作，入加州戴亚博洛交响乐团（Diablo Symphony Orchestra）任第二小提琴手（为纪念梁衍，该乐团每年举办Yen Liang Young Artist Competition）。逝世前向赖特基金会捐赠10万美元，为当时基金会收到的最大一笔捐赠。作品有南京国际俱乐部，上海大新公司（朱彬主持），Yunnan Trust Building（云南信托大楼？）、Bank of Yunnan Mining Industries（云南矿业银行），斯坦福教堂（Stamford Church）、联合国（United Nations）、巴特里公园（Battery Park）及阿尔巴尼市场（Albany Mall）等。著作有 *Dee Dee's Birthday*、*The Pot*

Bank（Oxford University Press, 1952、1956），*The Skyscraper*、*Happy New Year*（J. B. Lippincott Company, 1958、1961）等。

梁衍与美国现代建筑大师赖特（F. L. Wright）夫妇，约 1934 年
图片来源：*Chinese American Eyes*, Feb. 15, 2016, http: //chimericaneyes. blogspot.com/2016/02/about-artist-yen-liang.html

佚文1：梁衍，《战后建筑展望》，《国立清华大学土木工程学会会刊》，第6期，1944年7月，24–26页。

战后建筑展望

梁衍

在这世界大战的时期里，我们所有的科学人才——化学家、物理学家以及各种工程专家——都致力于目前战争的需要。他们的脑力都运用于发明新的战斗机械，制造杀人的利器。为了应付战时的需要，不得不如此。但是他们的努力对于我们将来的生活有怎样的影响呢？

世界大战停息之后，我们的资源，和我们在战时对于大量制造法的进步，和各种新发明的物品材料，都将被移到和平生活上应用。各国都再进一步的工业化。"热心努力工作"成为大家的口号。战时国债必将为资源财富所促的生产淹没了，划消了。到那时候，我们回顾现在所囤积的机械物品，必将认为旧式而不合用的了。让我们试试猜想将来的生活是什么样子的；

假若我们是一个战后的家庭。我们在抗战期间内生活简单化了。现在所酿成的习惯促使我们的需要朴实。我们想建一所住宅，我们先到乡间物色得几亩地。比起城里的一块窄小的地皮，地价并不为高。但是新式的汽车和将来的公路，可使乡间的地点不过离城市只是几分钟的路程。地皮选定之后，我们并不须去请教建筑师和包工人。我们只须【需】到城里贩买【卖】房屋的商家去，好像现在选购汽车似的挑选一座住宅。那商家的样子间里陈列几种模型，任我们选看——有方形的、长方形的、曲角形的，等等。种类甚多，大小均备。

我们再详细查看这些房屋的结构。只见所有的墙身都是中空的。墙的材料都是工厂里优（？）先造成的混合金属和化学成品。每段墙都很轻巧。每段的边上有接榫的设备。外面或是不锈钢板造成的。中间夹着隔除冷热的质料，内面是化学成料造墙面，墙里的空心可以通暖气来防冬寒，亦可以过冷气来避暑热。室内并无管道和暖气炉等物来会占据面积而妨凝视线。每段墙都是预制成的，将几段连【联】系起来就成房间。而综合的方法很多房屋的布置亦可随意改变。

暖气和冷气的管制都集中在中心管制室，该室的面积不过是六尺见方左右。全部严密，不露声响。全屋设备上的需要都包衔在这间小室内。发给全屋的暖汽【气】的单位，担任烹热水和放暖汽【气】。另有冷气单位供给厨房的冰箱和放夏天用的冷气。另外还有压汽机压水机。这些机器的动力都合用一座电力发动机。其他家庭需要的机器如真空扫除器、洗浣机等，都合用这一座电力发动机的动力，而不需各自另设小发动机。如此既可俭省那些多余发动器的价钱，又可以省去管理几座机的通常经费，只需利用齿轮和自动开关即能将总发动机的动力传达到各部机器上。这种管制室是住宅的动力中心厂。室内空气管制由其中的吹送机放到墙心内循环旋转。而寒暑表式的自动管制器自动纠正室内空气的温暖和干湿度。冷热气在墙里旋回，则室之外包壳温度既受调和，室内空间之温度可终年不变。

内墙面既是化学材料所造成的，面上可利用晒像【相】片的原理刷制□□□□□□□□□□□□□□□（因书页破损缺角，约缺15字符，下同）办法直接放大或连映在墙面上。各种可以摄影的图案都可以照样印到□□□□□□□□□□□□□□照样办理，印制装饰，或可用燐光质材料配合其中，使夜中自然发光，□□□□□□□□□□□□□（缺不超过13字符）

门窗均用化学材料制成，轻巧易于开关。窗上装配可以透射阳光养生□□□□□□□□□有温度管制，窗门或可终年不用开启。但是在春光和暖的时候，若愿引入□□□□□□□□可用新式汽车式窗门开关设备的原则，兜引新鲜空气入室，使室内空气变□□□□□□□□心，开关的角度随风向而定方向。且洗刷窗面时，尽可在室【内】办理。

全屋的墙都容易移动，随时可以将一间房隔成两间。或则反将两小间改为一大□□□□□□□□的隔墙呆板不能移动的，建筑成后，住用房屋的人受墙的统辖，被永久监禁，不得自□□□□□□是活动的，若是家庭人口忽然增加，只须【需】用电话通知房屋商家，他们即刻可以送几段墙□□□□□及地面的单位来，连接到原有部分上就成一新间，或者在楼上多加一层，并不费时间而且又□□□□至于设备均可利用原有的中心管制室的各种设备，不必因加房间而另添设备，加建的房间只须【需】□□的经费就可以办了。

室内的各种家具也利用化学材料造成。利用水棉质的橡皮做椅垫，可以随时洗刷，而且质地轻，使家具易于移动。厨房里利用电炉，既干净而轻巧，也容易管理使用。又可以将电炉装在滚轮上，要清理厨房的时候随便推移，炉后不致积灰尘。现在战时工业所利用的大量轻金属，将来都可以用到家具上，可使每件都轻巧而能耐久。厨房里的锅具的大小和电炉的火口吻合，使热气不至耗费。洗碗碟有洗碗机，自动冲洗吹干并且用热气消毒。浴间直接在总管制室旁，热水直达澡盆脸盆，不费水管。管子都用化学材料造，使伸缩性强，冻冰的时候不会爆裂，而且做成透明的，管内遇有堵塞情形一望而见。

以上的是住宅的情形。大建筑和公共建筑怎样呢？大建筑所用的各种单位也和住宅的一样。每段墙，每段地面，都有标准单位。只是骨架较大而需临时设计。骨架上所用的钢料，利用现在飞机所用的钢料，是混合金属，体轻可以减轻重量而质地坚强可以节省体量。一切构造都是干的材料配成的。比起现在湿的构造法——砌砖、铺瓦等——既省时间而伸缩性减少。

所有的材料全部在工厂里预先制成单位。使各种材料都标准化。实地建筑需用的时间缩短。在工程地上临时搭砌锯刨等工作减少。

在这种情形之下，建筑师和工程师的位置转移到工厂里去了。他们的工作是在设计改善各种标准材料，指挥工业成品的趋向，和筹划各种单位式样。他们对于建筑的影响因此而更庞大了。他们所设计的成绩将由工厂里的机器复制成千成万。他们的错误将使多数人受其累，而他们的成功亦将供多数□□□□□□□□□□□□迅速而大改革。交通便利，使路程缩短，人口不用集中在城市里了。城□□□□□□□□□□□乡间农产需用的土壤经科学化后，面积也可以减缩。风景游览的区所□□□□□□□□□□□□（缺不超过 12 字符）

□□□□□□□□□一种是为运输而设，一种是为添景色而用的。城里的人喜欢在他们休息时间□□□□□□□□□□□路上驾驶车辆作消遣。运输路上速度增加。航空运输更见普遍。这些交通□□□□□□□□□□散布伸展的原素。建筑不复拥挤。城里的空旷场所增加。每座建筑享受充足□□□□□□□建筑的中间都设有庭园。丑陋的建筑，不合时代的房屋渐渐取缔淘汰而消减。城里的□□□□□□□（缺不超过 8 字符）

□□□□的色彩，利用种种化学材料的色素更见鲜明，促成新的颜色的赏鉴。以往的建筑所用的□□□□色为主，时长日久了。将来的建筑不仅是内部多用彩色，外面也将常见灿烂的颜色。市面表□艳美愉快的状态，不像现在感觉死灰色的沉闷。

以上的并不是一种幻想。这些都是现在科学和工业已经能够做得到，并且已经做过的。只是，现在因为有了战事，全套都花到"烧杀毁灭"上去了。这种技能和学识，在太平时代，转移到人生方面运用之后，以上所谈的都将变成事实。或者竟不止如此而已，而有更优美的进步的。

在战事未结束之前，自然不会有大量的建设。但是，在建设未开动之前，必须有具体的建设计划的准备。若不然，到了开始建设的时候，或者会拿没有时间研究作推辞，还是照老旧，而不满意的办法施行。改良和进步的机会很容易被错过了。在战时计划和平尤与和平的时候必须准备战争同等并重。今日战争所毁坏的虽然是我们的大灾大难，虽然使人们受了许多痛苦，但是，它迫使建设成为急要，而供给我们一个莫大的改建求进的好机会。我们的兄弟儿女为了保存我们的国家，信仰我们的生活的志向，牺牲了他们的性命和财产，我们应当使我们将来的国家和将来的生活所代表的一切，不要冤枉了姑【辜】负了这重大的牺牲。

梁衍

写于昆明

佚文 2：梁衍（Yen Liang，对赖特塔里埃森学校的回忆。Edgar Tafel, ed.. Frank Lloyd Wright: Recollections by Those Who Knew Him（弗兰克·劳埃德·赖特：认识他的人们对他的回忆）[M]. Mineola, New York：Dover Publications Inc., 1993：127-132.

编者按：

（梁）衍从他的祖国中国来到耶鲁大学、麻省理工学院和康奈尔大学学习建筑学。即将结束首次美国之行时，他于 1932 年到塔里埃森成为（赖特先生）的第一名学徒生。返回中国后，他的建筑事业却因日本入侵中断。他曾在昆明为美军工作，并再次赴美，又到塔里埃森作短暂停留。此后他成为纽约 Harrison and Abramavitz 事务所主要设计师之一，作品有"鱼"形的斯坦福教堂（Stamford Church）、大部分联合国（United Nations）建筑工程、巴特里公园（Battery Park）及阿尔巴尼市场（Albany Mall）等。他退休后居加州，从事音乐、制陶及家具制作。

回忆：第一名学徒生

梁衍

从中国北京清华学校毕业后，我决定赴美国学习建筑。那时我所知道的就是"建筑师是设计房子的"。我与几位毕业于宾夕法尼亚大学回国执业的中国建筑师交流，受他们的影响，我决定于 1928 年秋注册（宾大）五年制的建筑课程。

那一学年我学习法语和微积分，不厌其烦地画罗马柱式，用炭笔素描石膏模型，运用文艺复兴母题解决设计问题，以及对中国学生而言必须学习的那些复杂步骤——如何把中国墨棒研磨成用于渲染的墨水。所以，在第一学年结束时，我觉得我没有学到建筑，就决定换一个更好的学校。为了择校，我查阅过去的《布扎》公告（*Beaux Arts bulletins*），寻找哪所学校获奖最频繁。耶鲁、麻省理工、康奈尔和哈佛都非常接近。考虑到要成为一名建筑师，纯工程学可能是应该走的道路，我注册了康奈尔大学的暑期学校。

在康奈尔，我很快被塞满了经验公式，但却并没有更接近对建造原则的理解。我开始发现选择合适的折中外衣——

无论是罗马、哥特或其他——是（当时）美国和欧洲建筑的主要目标。

又在麻省理工做了些暑期工作之后，我转学到耶鲁大学，并在三年内完成了五年的（建筑）课程。此后我入哈佛研究生院进修，但是仍然觉得没有更接近理解建筑学。月光下在一家波士顿建筑师事务所里工作也帮不了我。我看不出怎能把罗马柱式之类的生硬地加在房子上——正如后来我回到中国执业时（做的）——而同时又称自己为建筑师。

然而，在波士顿的那一年中，纯属幸运使我得到一本赖特先生的《自传》（*An Autobiography*）。当然，我曾听说过赖特先生和他的作品，但是建筑院校里都没有教过这些，而且大学图书馆里也没有关于他的资料。现在回想，我才意识到那时有（针对赖特）的无声抵制，（把他视为）某种禁忌。

赖特先生的《自传》令我醍醐灌顶，欣喜若狂。我兴奋地对自己说："这才是建筑学！"于是，出于迫切之心（因我已经花了太多时间学习错误的东西），在哈佛春季学期的中途，我急急地给赖特先生发了封请求工作的短信。他给了我同样简洁的回复："过来吧。"他同时寄来了由他当时的秘书卡尔·詹森（Karl Jensen）打字做成的第一稿塔里埃森团契学校（Taliesin Fellowship）申请表。因此，正如他后来在第一次再版《自传》（按：1943年）在扉页上所写的，我成为"第一个完成塔里埃森学业的人"。

1932年我二十三岁，驾着一辆双座灰黑双色并带有有一个开合式后座的斯图兹（Stutz）老爷车来到塔里埃森。我开错了路，上了后坡，停在赖特先生的Cord敞篷车后面，（心中）被一路上所见此处之美景所震撼。赖特先生去了芝加哥，所以不在家。卡尔·詹森为我带路，并帮我把行李运到赖特先生住所下方的地下室客房里。当我推着行李去地下室时，经过一位正在厨房外喷泉边洗衣服的妇人，我根本没有想到要去和她说话。我后来才知道她就是赖特夫人。她对于我没有问候女主人感到非常生气，认为我傲慢无礼，她后来一直没让我忘记这件事。

第二天，赖特先生召我去他工作室。他与我握手，我马上感到他与我曾遇过的任何人都不同。他举止优雅，穿着得体。他很在意我花应该作为学费的钱买了这么一辆时髦的小汽车。我始终不知道，他如何得知我购车的事，但我告诉他我（确实）需要一辆小汽车驶来威斯康辛，因此一位在芝加哥生活了四年且非常了解情况的中国同学带我去见一名二手车经销商。我强调这真的不过是一辆旧车。无论如何，那辆车在塔里埃森很受大家青睐，被用于采购和运货。因为它有坚固的管状保险杠，在紧急时刻，它还会被用作拖车和拖拉机。[见后 160 页韦斯·彼得斯（Wes Peters）关于梁衍和这辆车的回忆]

塔里埃森由赖特先生设计，环抱山丘又袒露山巅，漫步者隔着低矮的砂石砌护栏，可俯瞰山谷全景。随一年四季的更迭，塔里埃森变换着披戴的佳美景色。冬雪堆积在入口大台阶顶的佛像上，宁静的面容添了萧瑟。透过天窗看见松枝上的一对鸟鸣叫着飞走了，这春天的题材足以感动画家。当我在春天的玉米地里耕作，用尽全力想犁出笔直的一行，却常常分心抬头去望塔里埃森，为仰慕它从山下观赏的美好。

秋季伴随着色彩的热焰，剥玉米比开联欢会还开心！当我得知那童话般的礼俗，说若剥到红玉米粒将得到姑娘们的吻，我就像魔鬼一样收割玉米。从没有什么比这贴近土地的生活使我更理解生命的轮回。马厩、猪圈、车库、木棚，所有通常很粗鄙的所在，在塔里埃森都因为设计而成为美。从车道看过来，一栋清洁、美观的建筑可供人很体面地居住，然而它其实是马厩。它与后门车道一样长，以截面为

2 英寸 ×4 英寸的长条原木作骨架，之间绷以粗麻织物。马厩的地面上有洞，马粪和干草可以扫入洞内并经由下方斜槽（排走）。猪圈在苹果园末端，一个半圆形构筑物里住着猪。对我而言，这是一头猪所能拥有的最优雅的住处。沙石墙、钢管结构加网状覆顶形成猪圈，世上没有其他猪能住得这么好！

与赖特先生丰富思想的近距离接触使我获得启示，并为我了解建筑学打开了新的视域。除此之外，我还学习到一种生活方式，虽然这当时我还没有意识到。它来自塔里埃森富有建筑巧思与充满令人心醉之美的生活；来自图房的工作，来自亲手的建造，包括砌筑、木工、水暖工、家具制作，甚至木材锯解。赖特先生是我们之中自由而自然的一员，他给我们所有的日常活动赋予了美、充实和意义。

例如，赖特先生规定为每周一次的剧场晚餐活动装饰剧场，是学徒生的例行工作之一。这是出于他培养年轻人设计感的理念。我们中的每一个会轮流作一周装饰设计的负责人，通常是用盆装当季的植物点缀在各处。我记得有一次，轮到我作负责人，我领着同伴出外收集松枝，从一棵松树上锯下大量挺拔的枝条，用卡车运回来，从剧院的楼座上悬挂下来，并使用点光源照明，仿佛松枝自然生长在那里。因为较之其他各次装饰，这次构成了一场小小的革新，赖特先生对最后的效果非常喜欢并给予了好评。

在塔里埃森会客室里举行的一次周日音乐剧中，我演奏了维瓦尔第（Vivaldi，1660—1743）的小提琴奏鸣曲，由埃德加·塔费尔（Edgar Tafel）钢琴伴奏。事后，赖特先生问我是谁的作品。当我告诉他作曲家的名字和时代，他评论道："看来，巴赫确实有前人作为自己创作的基础。"他好像对巴赫是因富有创造性的先驱铺路在前，而并非完全出自他自身天才而感到惊讶。我从他的评论中推断，出于对自己天才的特别自信，赖特先生相信自己几乎是前无古人，就像所有的天才都该的那样。

赖特先生喜爱绘图。当他想到什么建筑构思，他喜欢使用易于擦除便于重画的软铅。渲染时，他的肘边总有一盒彩色铅笔。他常说"橡皮是建筑设计最重要的工具"，而且他绘图时真的擦得很多，事实上有时他用 Pink Pearl 橡皮擦遍整张描图纸。当然，随着他的构思一步步发展，他的橡皮抹去他不想要的，为新的解决方案腾出地方。这就解释了为什么他讨厌硬铅。

从芝加哥来的鲍勃·古达尔（Bob Goodall）是专业绘图员，画施工图时他喜欢用 4H 的硬铅，因为可以在纸上画出清晰而肯定的线条。但是，赖特先生不喜欢这些，禁止在图房使用硬铅。当他发现鲍勃有，就把所有能找到的都扔到壁炉里烧了。然而，鲍勃下次去芝加哥的时候可能会偷偷买来更多。这真是一场争夺战。

有时候，赖特先生会边想边说，常常是自言自语而不是说给什么人听，关于一些他突然着迷的思绪，一些和他正做着的毫不相干的事。有一次，他自言自语时我正好在边上，听他好像说"圆形是不稳定的几何形，不合适建筑"。这句话似乎将一个挑战植入他的思想，可能正因为如此，多年后世界见证了（他创作的）大量以圆形为特征的伟大设计，如纽约的古根海姆美术馆（Guggenheim Museum）、加州的马林县法院（Marin County courthouse）、加州未建成的杰斯特住宅（Jester house）、威斯康辛麦迪逊的马诺纳平台市政中心（Monona Terrace），以及匹兹堡角地公园（Point Park）。

1934 年我途经欧洲回到中国，直待到二战结束，（期间）看不到建筑师近年的活动进展。在战争末期，赖特先生非常好心地写信表达关怀，邀请我带妻子多莉（Dolly，按：

中文名萨本莲）到塔里埃森让他见见。因此，怀着自怜，我们决定过来并在塔里埃森住几个月。当我们抵达时，赖特先生说："衍！你看上去像你的祖父。"然后对我的妻子说："为什么所有的中国女人长得都像蒋（介石）夫人？"

这次逗留期间，我在山坡（Hillside）图房的绘图桌上工作，绘制加州奥伯乐住宅（Oboler House）的图纸。我就坐在赖特先生绘图桌的后面，他当时正在设计一个车库项目的初步方案。在多次挪移丁字尺和三角板和用橡皮擦拭之后，他站起身来，俯看成果，然后轻舒了一口气，转转脖子自言自语道："今儿个早上咱太天才了。"——他声音很小，但我能听到。

附：韦斯·彼得斯（Wes Peters）关于梁衍和这辆车的回忆，"William Wesley Peters"。Edgar Tafel，ed..Frank Lloyd Wright：Recollections by Those Who Knew Him[M]. Mineola，New York：Dover Publications Inc.，1993：160.

随时光推移，学徒们开始从各地抵达（塔里埃森）。有几个是非常好的木匠，（还有）一个毕业于斯沃斯莫尔

（Swarthmore）[罗伯特·毕肖普（Robert Bishop）] 比我们都年长。我喜欢他们每一个，他们很热情，有的很有趣，我特别记得梁衍。他从芝加哥驾来了一辆斯图兹黑鹰汽车（Stutz Blackhawk），它的后部有个可翻开的座椅，前面有很大的一个狮身人面头像（sphinx's head）。我不知道它为什么以"黑鹰"命名，但它确实是一辆很棒的老爷车。就在梁衍到达的当天，他们对他说："怎么样，衍，我们得去道奇维尔的埃德·帕森斯（Edda Parsons' in Dodgeville）那儿采购些货，我们没有闲置的车，你愿意开车载我们去那儿吗？"我们有三个人乘他的车，上了碎石山路，去道奇维尔有 16 英里。梁衍开得实在快，到了怀俄明峡谷之外第一座小山时，路很陡，终端还有一个很急的弯道，他不得不突然刹车。我们在弯道碎石上冲得太厉害，以至于这辆车庞大的车身完全掉了头，朝着刚刚来的方向。我们吓得够呛但总算还好。在回去的路上，我们中的一个问梁衍他是不是驾车很久了。他说他就是当天才学的，早上在芝加哥买车，在来的路上才搞清楚怎么开。我们能活下来真是个奇迹。（梁衍后来成了我的室友。他睡觉时睁着眼——非常吓人。）

（王浩娱译）

Edgar Tafel, Yen Liang, and Eugene Masselink

Edgar Tafel and Yen Liang, 1933.

梁衍与赖特塔里埃森团契的学徒们。上页图，正中为梁衍；本页图，右为梁衍，与他拥抱者，即上图左 1，为文中所提为他钢琴伴奏的埃德加·塔费尔

图片来源：Edgar Tafel, ed. Frank Lloyd Wright：Recollections by Those Who Knew Him[M].Mineola, New York：Dover Publications Inc., 1993：130–131.

《弟弟生日记》封面，
Dee Dee's Birthday，Oxford University Press，1952

The Skyscraper 封面，J. B. Lippincott Company，1958

The Temple yards were a-bustling
With buying, selling, and hustling.

The Pot Bank（扑满）封面及插图，Oxford University Press，1956

Over terraces, on the ground, against walls,

Under porches, by fences, and in halls

Magicians, acrobats, dancers, singers, jugglers, and story-tellers;

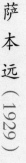

萨本远（1929）

图片来源：《游美预备部》，《清华年报》，
第 9 卷，1926 年，73 页。

萨本远（字铭荪，Sah，Benn Yuan，萨镇冰之孙，梁衍
内兄，1911—？），福建闽侯人。清华学校毕业（1929），
在校期间曾任棒球队队员（1926）。宾夕法尼亚大学建
筑系学习（1930），麻省理工学院建筑系硕士（1933）。
1933 年回国，入清华校友关颂声创办的基泰工程司，前
后在基泰天津、北平、南京、上海所任设计师。1936 年 7
月在实业部建筑科技师登记，1937 年任中国工程师学会
会员、京赣铁路帮工程司兼段长，安徽歙县京贵铁路第八

分段段长。（私立）沪江大学商学院建筑系教师。交通部北平分区接收委员办事处工务处处长（1946.2）、交通部参事（1948.7）。后定居美国。

己巳级　Class of 1929

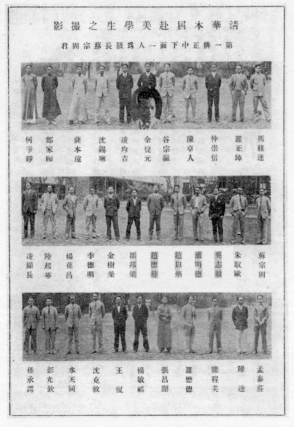

清华本届赴美学生之撮影
第一排正中一面人为级长苏宗固君

何争铮　郑家楣　薩本遠　沈錫琳　凌均吉　余撑元　谷宗瀛　陳卓人　仲崇信　羅正晫　馮桂連

凌顾长　陸起華　楊葆昌　李德明　金樹榮　鄒邦梁　趙德蔭　趙以炳　盧明德　奂志毅　朱取歐　蘇宗固

孫承諤　彭光欽　水天同　沈克敦　王促　楊敏祺　張昌顯　羅懃德　雖程美　陸達遠　孟泰莊

1929年8月清华留美学生合影，上排左3萨本远
图片来源：《旅行杂志》，第3卷第8期，1929年8月，插图无页码。

附1：清华学校毕业生合影

入学年级		代表学生
乙卯级	Class of 1915	巫振英
丁巳级	Class of 1917	裘燮钧
戊午级	Class of 1918	董修甲
庚申级	Class of 1920	赵 深
癸亥级	Class of 1923	陈 植
甲子级	Class of 1924	黄家骅
丙寅级	Class of 1926	过元熙
己巳级	Class of 1929	萨本远

附 2：成长于清华学校的中国第一代建筑家佚文选

注：括号里为发表时间（年）。

吕彦直　海底水雷（1915）

　　　　爱迪生年谱（1915）

张光圻　欧洲各国小学体育之注意（1915）

董修甲　成功之要诀（中文演说比赛第一名演说稿）

朱　彬　致 Dr. & Mrs. Danton 信（1918）

董大酉　留美通信（1922）

杨廷宝　英兵侵藏之质问（1924）

蔡方荫　论减少大礼堂余音书（1926）

童　寯　参观惠具利展览会记（1925）

　　　　赠宾大图书馆《童寯画选》题字（1981）

过元熙　我的清华生活（1923）

张　锐　师友间的情谊（1925）

　　　　别祖国（1926）

哈雄文　梦亡友周君（1926）

梁　衍　战后建筑展望（1944）

　　　　回忆：第一名学徒生（1993）

致

谢

谨以此书献给清华大学建校 110 周年纪念和为中国建筑现代化作出突出贡献的中国第一代建筑家们。

本书源于 2019 年 10 月 12 日赖德霖在清华大学艺术博物馆召开的"'归成——中国近现代建筑研究与宾大建筑教育'学术研讨会"上所作题为"何以'归成'？——清华校园文化对第一代留美建筑家的影响"的发言，以及 2020 年 8 月在《建筑师》206 期发表的同名论文。王浩娱在此基础上做了补充和编改。在此我们衷心感谢展览及各项活动的策划者童明教授，会议主办方代表清华大学建筑学院庄惟敏院长、张悦书记，清华大学艺术博物馆杜鹏飞副馆长的支持，参会者童明、秦佑国、伊丽莎白·格罗斯曼（Elizabeth Grossman）、王军、赵辰、顾大庆、王南等教授的讨论，以及洪再新、许懋彦、吴耀东、张路峰、彭长歆等教授和王辉先生的反馈意见。而为了本书的出版，中国建筑工业出版社提供了出版社学术著作出版基金，责任编辑李鸽、陈海娇和书籍设计付金红女士付出了辛勤的劳动，宾夕法尼亚大学博士研究生华正阳先生提供了宝贵的史料，福州大学硕士研究生林慧小姐参与了部分文献的翻译工作。对此我们一并感谢！

编著者

2021 年 4 月

图书在版编目（CIP）数据

清华校园文化与中国第一代建筑家/王浩娱，赖德
霖编著．—北京：中国建筑工业出版社，2021.4
　　ISBN 978-7-112-26099-7

　　Ⅰ．①清…　Ⅱ．①王…②赖…　Ⅲ．①清华大学—校
园文化—建筑师—史料　Ⅳ．① G647 ② G649.281

　　中国版本图书馆 CIP 数据核字（2021）第 070814 号

责任编辑：李　鸽　陈海娇
书籍设计：付金红
责任校对：王　烨

清华校园文化与中国第一代建筑家

王浩娱　赖德霖　编著

*

中国建筑工业出版社出版、发行（北京海淀三里河路 9 号）
各地新华书店、建筑书店经销
北京雅盈中佳图文设计公司制版
北京富诚彩色印刷有限公司印刷

*

开本：787 毫米 ×1092 毫米　1/32　印张：11⅛　插页：2　字数：175 千字
2021 年 4 月第一版　2021 年 4 月第一次印刷
定价：**49.00** 元
ISBN 978-7-112-26099-7
　（37235）